卓越执行官

打造高效执行体系的9个步骤

蔡忠成　欧阳震◎著

中国财政经济出版社

图书在版编目（CIP）数据

卓越执行官 / 蔡忠成，欧阳震著.—北京：中国财政经济出版社，2013.8
（企业成长力书架）
ISBN 978-7-5095-4766-3

Ⅰ.①卓… Ⅱ.①蔡… ②欧… Ⅲ.①企业管理-研究 Ⅳ.①F270

中国版本图书馆CIP数据核字（2013）第192414号

责任编辑：李　鹤　　　　　　　装帧设计：盛世纳唐

中国财政经济出版社出版
URL：http：//www.cfeph.cn
E-mail：cfeph@cfeph.cn

社址：北京市海淀区阜成路甲28号　邮政编码：100142
营销中心电话：010-88190406　北京财经书店电话：010-64033436
北京牛山世兴印刷厂印刷　各地新华书店经销
710×1000毫米　16开　14.5印张　170 000字
2013年9月第1版　2013年9月北京第1次印刷
定价：35.00元
ISBN 978 - 7 - 5095 - 4766-3 / F · 3854
（图书出现印装问题，本社负责调换）
本社质量投诉电话：010-88190744
反盗版举报热线：88190492　88190446

QIYE CHENGZHANGLI SHUJIA

企业成长力书架

编委会

主办单位　北京联大文化发展有限公司　　www.ldwhbook.cn

目 录

前　言

勾勒一幅高效执行的地图

老板需要超凡的风度、魅力，但是执行老板命令的人——管理者却不一定需要拥有这些。美国史上最卓越的执行官之一，哈里·S. 杜鲁门身上似乎并没有太多的个人魅力。换言之，卓越的执行者会因个人性格、喜好、态度、价值理念、优缺点的不同而有所差异。但卓越的执行者通常会拥有9种行为特征（见下图）。

这9种行为特征是一名经营管理执行者走向卓越的标志，也是本书的创作初衷。作者拥有多年的企业管理与培训经验，将积累的管理知识与技能，通过简单、系统、生动的方式表达出来。同时，将企业经营管理过程中各关键问题和重要环节的解决思路、方法毫无保留地呈现给大家。可以说，本书是按照实际管理过程的轨迹，为管理者勾勒出了一幅高效执行的地图，供所有渴望成为卓越执行官，以及想要丰富管理技能的企业管理者参考使用。

与市场上已出版的同类图书相比，本书并非单纯地将管理经验生搬到图书中，而是以方便读者阅读和理解的原则出发，既重视内在的逻辑条理，又顾及外在的语言阐述方式。最终完美地将管理的理念、方法系统化地呈现。管理者可以在具体工作中，将本书提供的逻辑、方法结合使用。而职业经理人、企业家朋友也可以借助本书提供的信息，争当企业顾问，从而推动企业执行力的升级和转型，协助管理者在执行地图中找到自己的前进方向。

有人说："一个执行项目的成果，70%在于沟通与学习，30%在于自身的执行方案。"对于管理者而言，应该将执行力概念深入到日常工作中并加以灵活运用。

每个企业在其成长、发展道路上都是千面的，而相应的执行策略也各有千秋。正如世界上没有两片相同的树叶，执行中也不会存在完全一样的方案。我们提供的更多的是管理者的思维方式，以及制定执行方略的参考方法。《易经》中指出：变化是天地万物最基本的存在形式，然而，变化中又隐藏着不变。这种不变实则就是可被洞察的客观规律。

本书为了更全面地揭示执行背后的规律，分为9个篇章进行阐述，即"锻造执行修为"、"确定执行目标"、"制定执行计划"、"宣布执行战略"、"完善执行流程"、"制定执行制度"、"打造执行文化"、"培养执行团队"、"建立执行考核系统"，深入浅出地解决了执行过程中管理者自身的问题，发展目标与计划的问题，战略、流程、制度的问题，企业文化的问题。当所有基本问题解决了，还要有人去执行，于是自然地过渡到培养执行团队的问题，最后监督团队到位执行的、考核系统的问题。

当然，本书并不是一幅十全十美的地图。即便是现实生活中的地图册，也是在不断完善、更新的。当时的创作更多的是代表了全体创作人员的一种探索、一种心境。可以肯定的是，我们所有人的希望是相同的：愿所有翻开本书的读者，都能够跟随这幅执行地图的指引，找到属于自己的执行坐标，成为未来的卓越执行官！

STEP1 锻造执行修为：没有好船长就没有顺利的航行

你是否真的了解自己的企业和员工？

你是一个有爱的执行官吗？

你能否做到赏罚分明？

你是否具备落实能力？

当好“船长”不容易

你是否真的了解自己的企业和员工

管理者必须全面并深入了解自己的企业和员工。

在一些没有建立起高效执行体系的企业中，大部分管理者都不是很了解自己的员工每天在做些什么，企业每天发生了什么。他们往往只是单纯地透过员工呈上来的报告间接性地了解某些信息。而这些信息通常都是经过层层筛选或过滤的——在相当大的程度上被信息采集人员的个人喜好、上司安排等因素影响。

实际上，管理者并未真正参与到执行过程中。因此，也很难真正了解自己的企业和员工。反之，企业员工对领导者也并不了解。

某位执行CEO来到企业总部，并和自己的员工进行交流。他为人亲切、彬彬有礼，甚至很喜欢员工们的孩子，也总是问一些具有攀谈性的问题。例如，“你的孩子最近学习成绩如何？”“你的孩子喜欢到我们公司来玩吗？”等等。

彼时，碰巧在下班时碰到员工的孩子，这位CEO还会与孩子们聊聊NBA。平常也可能与员工们就企业总体执行情况问一些简单问题，譬如“你们部门的整体收入水平如何？”

其实这样的CEO并没有全面深入自己的企业、了解自己的员工。

交流结束之后，有些员工或许松了一口气，因为企业中的一切看似都没有问题，似乎每个人都很开心。但那些真正优秀员工的内心多多少少都有一种失落感，还会质疑："今天我们CEO到底干什么来了？"毕竟，他们在上司到来前，对于一些执行流程等尖锐问题已经做了充分的准备。能够高效执行的员工喜欢回答"高端"问题，以显示自己是多么认真地在执行、多么了解自己的企业。这位CEO走马观花般的交流无疑让执行者感到失落和泄气——他们既没有机会了解自己的上司，也没有机会展示自己。

这样的CEO难以给员工们留下好印象，这样的交流也不会让CEO深入发现到任何东西。

后来，在某次记者招待会上，媒体记者和企业顾问对这位CEO对企业未来前景的展望感到敬佩，唯有台下的本企业员工心知肚明：领导不过是在"假、大、空"地吹嘘，一个根本不了解自己的企业和员工的CEO凭什么如此自信地下结论呢？"

类似这样的CEO有点像越战时期的美国政客——随便逛了一圈，和上校在办公室聊聊天，浏览下属搜集来的统计数据，就自信地宣布已经看到了美国胜利的曙光。如今，很多企业的管理者也在上演同样滑稽可笑的一幕。

如果我是这位CEO，我会这样做：

1. 在去公司之前，先听听部门负责人的议论，以备之后亲自验证。如果负责人提到某个员工在执行时非常讲究效率，我会设法进一步帮助这样的员工提升执行能力，在交流时有针对性地与之深入讨论。我知道员工可能在日常执行过程中表现不错，但交流时我会提一些他们根本没想到的问题。如果通过提问，了解到此部门负责人根本是在吹嘘，我就会进一步确认他是否适合继续留在目前的岗位。并且我会深入他的团队，提出有见解的问题而非寒暄客套，从而对每个员工有一个清晰而深入的了解。

2. 交流时，我会先简洁地向所有人总结企业目前的发展状况，然后尽可能地与更多的员工对话，最后拿出一小时的时间解答员工的问题。在这个过程中，我会对员工的心理、企业的真实情况有更多的了解。所有人都会因此有所收获，尤其是我，能有效地在管理团队面前建立CEO的权威性，在今后的执行中指挥也会更加流畅。

可见，作为一名企业执行CEO，必须深入企业、亲自参与到实际的执行活动中去，而不是以一种若即若离、无所谓的态度管理企业。

当你亲自参与某个执行项目的时候，员工或许会认为你不应该过于干涉他们的工作，但他们至少会说："原来我们的CEO足够重视我们的工作。他在这里待了三个钟头，还提出了很多我们没有想到的问题。"高效的员工总是很喜欢这样的头儿，这会让他们有被重视的感觉，从而会同样尊重自己的上司。想要做到这一点并不难。

深入实际

在执行过程中深入实际，与管理团队及核心员工建立更为密切的联系，会令你对执行的任务以及实际情况产生更准确的直觉和判断。

一方面，这种关系的搭建最终会使员工在执行时变得更加高效。因为除了完成任务，他们还会顾及与你的个人关系。这在无形中培养了员工的忠诚度和使命感。另一方面，趋于个人化的关系能够让你卸下领导光环，更轻松地与员工自由交流，从中获得更多、更真实的讯息。

最重要的是，通过这种方式，你能与企业和员工建立一种诚实的对话关系。例如，你和某个员工进行了一场激烈的讨论。尽管彼此针锋相对，但最终却有效地解决了问题。第二天你可以写张字条给他："我很欣赏你开诚布公的态度，昨天的讨论非常有意义，关键是我们找到了正确的执行方案，这真是一件好事。”

必要的个人参与、理解和承诺

想要真正了解自己的企业和员工，就要重视个人参与、理解和承诺。

企业的某个项目启动前，管理者不但会对未来前景大肆渲染一番，还会清晰地说明它对企业的意义。通常，管理者只有在真正理解并确定该执行项目能带来的效益时才会这么说。既然如此，就有必要对自己当初的承诺负责，参与其中，跟进整个执行过程。这样才能保证每个员工都有自信和积极的态度，并让所有人对执行过程中可能出现的问题有一个清醒的认识。

了解永远是一种双向行为，没有管理者对企业和员工的深入理解，就没有员工对企业执行工作的全力配合。

你是否能带着老板思维思考问题

世界著名精英领袖和管理大师安迪·格鲁夫在一次演讲中说道：“无论你在哪里、从事什么工作，都应该把公司当成自己的，而不是老板的，抱着老板心态去工作，凡事像你的老板一样去思考，这样你做事的成功率就会大一些。”

工作的出发点决定着企业对你的回报。如果你执行一切任务的出发点都是为了薪水或老板，那么你的工作态度就会一直处于懈怠状态，最终的执行结果也不会好到哪里。老板当然不会给予一个没有业绩的员工高回报。反之，如果你像老板一样去思考问题，以此作为执行的出发点，就能一如既往地保持高效率的工作，老板给你丰厚的回报也只是时间上的问题了。

作者的一位学员——焦经理能长期地坚守在中层管理岗位，其实要感谢他的老板。

两年以前，焦经理刚到凤凰集团不久，性格倔强、做事死板，又很怕事情做不好，所以他告诉自己一定要听老板的话，老板怎么说他就怎么做。

有一次，老板派焦经理到武汉出差，和一位客户确认后期项目的执行计划，到那以后，客户看焦经理只身一人前来，对此感到有些不满，对焦经理说："你们老板怎么没来？"焦经理也很想编个理由替老板圆场，但又害怕客户知道真相后会更加生气，于是只好实话实说："老板说没空，所以就派我来了。"他本想继续解释一下，但是客户听都没听，立刻转头就走了。焦经理只好第二天一早无奈地回到了公司，原以为老板会因此骂他一顿，但是老板并没有这样做，而是把他叫到了办公室，意味深长地说："具体的事都听客户说了，怎么说呢，其实你并没有什么错，只不过是说了实话罢了，所以你不必紧张，我不会处罚你。但我需要你明白一点，下次再碰到这样的事，请你多站在我的角度想一想，甚至你可以暂时把自己当成老板，想一想如果你是老板，你会怎么做？"虽然没有被老板骂，但是这样的好言相劝更加令焦经理无地自容。

的确，如果当时焦经理能像老板一样去思考，应该就不会将实情和盘托出了。这也让其明白，如果管理者在执行时只是单纯地站在自己的立场上思考、做事，那么这样的执行思维模式很难让老板放心。但若能养成像老板一样思考的习惯，执行时就不会轻易触犯老板的利益了。老板对你放心了，你管理起别人来也更加有安全感，这样互利互惠的好事，还是值得一做的。

不要一味抱怨老板的不是，反过来想想你为老板付出了多少

曾有位做管理工作的朋友找到我说：“我一定要离开老板，离开公司，而且我一定要反过来报复老板！只是现在还不是时候，我现在走了，老板也不会损失什么，我得努力让自己变得优秀，到那时他留我我也不在这儿干了！”这位朋友的态度很坚决，但我只是说：“那好，等你离开了这个公司再来告诉我吧！”结果一年过去了，朋友再次找到我，但却再也不想离开自己的老板了，他说：“本来我想要辞职的，但没想到老板突然找到我，要提拔我当部门经理了，既然这样我就不走啦！”这也难怪，如果这位朋友能早点把抱怨化作努力，相信他早已成为老板御用的大将，太多的抱怨是没有意义的，企业应该用业绩说话，管理者如此，老板亦如此。

立场换位，懂得老板的立场才能心甘情愿为老板做事

在很多管理者看来，老板是雇主，管理者是雇员，二者是对立的关系。其实不然，虽然二者有雇佣的合同关系，但从双方的利益点来看，二者是一种合作的双赢关系。管理者为老板创造价值，老板给予相应的回报。当我们抱怨老板的时候，不如置换一下立场，想想老板当初对自己的提拔，给自己的恩惠，就不会将自己置于老板的对立面，不会认为老板的“高压政策”是对自己的剥削。身处压力中或感到委屈时，不妨站在老板的立场去思考，懂得了老板的苦衷后才会心甘情愿地为老板做事。

抱着“老板心态”工作，试着与老板同呼吸共命运

每个企业在发展的过程中都会遇到一些问题，那么，当企业或者所在部门陷入困境时，你是否是第一个“逃走”的人？你是否见过老板总是第一个拍拍屁股就走的人？最有可能的答案是：你也许是第一个“逃走”的人，但很少有老板“逃走”的。为什么？因为他是带着“老板心态”在工作，抱着一颗对企业的衷心，与之同呼吸共命运，所以企业也不会放弃这样的人。同样，不管是坐在什么位置上的管理者，都应该抱着“老板心态”去工作，与老板生死与共，这样的你自然会被老板器重，执行起任务来也会因多一份责任心而更加有效率。

你是否具备落实能力

有能力和有落实能力的差别在于，后者比前者多了一项执行的技能，也多了一些执行的机会。一个有能力的人，有做某件事的能力，但并不代表他会去做；而一个有落实能力的人，有做某件事的能力的同时还会去执行。从心理学的角度而言，拥有落实能力其实是拥有一种自动自发工作的精神。

一位朋友在一家自营工作室做编辑，做了一年之后，她毅然选择了离开。

听说他们每周三都要开一次选题会议，按照主编的说法，不能坐吃山空，靠别人给的那点儿选题过活，一定要开发出点儿什么才行。在朋友看来，灵感这东西并非随时随地冒出来的，固定每周一次的选题会，并且必须交出多少个提案，这样的做法并不明智。但既然是工作，她还是努力地落实了，每周都至少拿出一两个选题提案来。

可是到了后来，不记得是从什么时候开始，选题会竟然不知不觉地取消了，随之而来的是不停的总结会议、每周例会，给她的感觉就是，大家总是在不停地开会，不停地安排新任务，不断地取消旧项目，不断地总结，不断地谈未来发展……

当初来到这里是为了完成自己的梦想：做一个真正有能力的编辑。可到头来，朋友却发现离梦想越来越远，终于现实让她清醒，也让其他同事清醒：重要的不是每周开了多少次会议，而是在开会之后，真正落实了多少工作，完成了多少会议决议中的事项……

最终，团队成员和主编的分歧越来越大，直到一年之后合作机缘终于破灭，大家统统离开了那里。

现在，朋友庆幸当初的这个决定，因为在那里让她有一种不踏实的感觉。现在她正在一家教育机构当主管，虽然规模也不是很大，但是在那里少了一些无聊的会议，多了很多有实际意义的工作，这让她感觉很踏实，也很安全。

无论是什么级别的人，只要还在奋斗的路上，就都是自己心中的“员工”，是员工就必须靠真本事做事，拥有落实能力，执行才更加踏实。

拥有落实能力的前提：全情投入

如果一个人是在被动的情况下被迫执行，那么执行的结果恐怕只是应付差事。只有全情投入，落实过程中才会多一分执行，少一分抱怨，不会斤斤计较得失，而是向着最终的目标冲刺。工作中的很多任务其实并没有想象中的那么难以完成，有时之所以会在简单的事情上犯难，首要因素就是没有全情投入。不投入其中，遇到问题时就不会主动想办法，也不会把执行的结果放在心上，这样的执行重复一千次也不会拥有真正的落实能力。

提升落实能力的关键：坚定不移地执行，不以外界因素为转移

有时候，管理者有了执行的动力却没有执行的韧力。何谓“韧力”？简单地说，就是一个人在执行过程中能否不受外界因素干扰，坚定不移地执行。例如，你在执行期间被利益蛊惑，受到其他因素的诱惑，很可能就会改变执行的方向，使结果和预期不符或达不到标准。当然，有诱惑也会有困境，你很可能在执行时遇到重重阻碍，是突破它还是回到原点，从中便可体现你的落实能力。

提升落实能力境界：把个人落实能力融入到团队中

执行往往不是一个人的事，个人执行能力再强，做得再好，如果团队的执行力整体水平较低，个人的能力也会被淹没。所以，当管理者拥有了落实能力后，还应把这种能力融入所在的团队中，带动其他人提升落实能力。一个人孤军奋战的滋味总是苦涩的，力量也是薄弱的，但团队一起作战，胜利的机会就会多一些，因此千万不要把落实能力当做一个人的功课。

你是否能容下不完美的事物

所谓“完美世界”只是人类的一个美好愿望，当然，如果心里想达到这种境界，才能发挥最大潜力把事情做到最好。但管理者如果在工作中过分地追求完美，未免有些异想天开。大家看看那些团队中的“领头羊”，他们可能是跑得最快的，但不一定是跑得最优美的。先和我一起到执行现场看看发生了怎样的故事吧。

有一次我正在讲课，学员李忠义（某公司销售部主管）突然举手示意说公司有很重要的事情要处理，需要马上回去一趟，说罢便匆匆忙忙地走了。这一走就是大半天，由于在讲课结束后的那天晚上我们有一个很重要的联谊活动，我不希望他掉队，可打他电话也不接，只好到他们公司亲自找他。

找到他时，他正躲在办公室的角落里做些什么，走近一看，他正对着一篇 Word 文档删删减减，我问他：“你的事还没处理完吗？”还没等他回答我，那边他的同事就不停地催他：“李忠义，你完事没呀？”“喂，李忠义，老板这边正催呢，大家都等着要合同呢，你快一点！”看得出，此时李忠义的心里也很着急，但越是着急就越出乱子，终于对大家的催促有些不耐烦了，在办公室大吼了一声：“安静！”办公室突然静下来，老板走了出来，质问李忠义：“吵什么呢？我在里面都听到你们外面的对话了，你的合同从早上回来一直搞到现在，到底有完没完啊？你从前没经手过合同吗？若不是今天我助理请假，我一定不会用你，绝无下次！”李忠义越听越火大，和老板理论起来：“我说头儿，您又不是不了解我，我这个人做事凡事都追求完美，况且合同事关重大啊，我是想为您做得完美一点再给您送去啊，早一点晚一点又有什么关系呢？”老板一听更生气了，丢下一句：“我现在不想和你理论，也不想听你说话，只想让你立刻把合同拿到我办公室来，然后回去引咎反省吧！”

……

后来，我看过李忠义之前做好的几份草稿合同，其实已经做得很好了，根本没必要再翻来覆去地修改。他不明白，老板只是需要一份符合法律规定的、有效力的合同，并不需要一个看上去多么完美的东西。

不完美的人和事在企业中普遍存在，这些元素因为互有优良，反而能够和谐有序、顺理成章地自然存在、磨合。这种差异性给了团队更多发展、不断靠近完美的机会。倘若每个人都是完美的，那么也没有留在企业学习的必要了。十个手指有长有短，正因为如此，每根手指都有它特殊的功能和意义，谁能说这种长短不一的结果就是不完美的呢？

因此，我们在执行任务时大可不必刻意追求完美，不做完美主义者才能永远走在无限接近完美的路上。

不做完美主义者不等于凡事不拘小节、以次充好，而是让利益最大化

不做完美主义者是一种处事的态度，其目的在于不在无意义的结果上耗费太多时间，如果用99%的精力去创造不到1%的利益，对个人而言就是得不偿失，对企业而言就是一种巨大的损失了。所以，不做完美主义者是为了让利益最大化，但这并不代表我们在执行过程中就可以不拘小节、以次充好，否则反而会影响了执行的结果，那就不是完美不完美的问题了。

对工作不苛求完美。管理者往往对自己要求过严，期望事事“全优”。具有完美主义心理的管理者总是预先给自己设定一个完美无缺的目标，凡事力求尽善尽美，一旦达不到这个标准，就会陷入一种深深的自责，变得沮丧消沉起来。事实上，并非所有的工作都要做到十全十美。当一时面对数不清的任务时，保证最重要的工作得满分，其他的工作做到80分就足够了。即使一些紧要的工作没有做到完美，也不必对自己求全责备，只要足够努力，就不要太苛求结果。要学着为自己的每一点成功喝彩，成就感和自信能够让管理者在工作中充满快乐、保持轻松。

可以对自己有更高的要求，但要对执行的结果知足

管理者对自己高要求是好事，但要有一个限度，明明是现阶段达不成的任务，还要过分要求自己，那就不切实际了。脱离了实际的执行又能有怎样的好结果？人要懂得知足，这点也体现在执行力上。执行，大到一个项目，小到每天的日常琐事，其实你只要在某个细节上有所进步就已经是一种提升了，应该为此感到知足和快乐。很多事情因为暂时无法做到，才使我们有更多追求的动力，没必要对自己太苛刻。

完美地准备10分钟不如认真地执行1分钟

有很多管理者为了后期的工作做得完美，总是拼命把时间浪费在前期准备工作中，以为只要准备工作完美了，就会出一个完美的结果。但别忘了，执行一项工作是有时间限制的，过度的前期准备会浪费后期的执行时间，结果准备变成了拖延。想要做好工作的心情固然可以理解，但不能因为你一个人追求完美而延误整个团队的时间，这其实意味着在消耗企业的资本

和利润。完美地准备 10 分钟不如认真地执行 1 分钟，清楚了就立刻行动起来吧！

你是一个有“爱”的执行官吗

有些管理者总会咆哮“拿出你的热情来”、“请给我结果”、“微笑，微笑，微笑懂不懂”。企业的管理者要求员工对企业忠诚，要求员工在工作时热情洋溢，将心比心，你作为管理者，有没有给员工同样的爱和力量呢？

在法国商界有这样一句话：“爱你的员工，他会加倍地爱你的企业。”管理者要想管理好企业，得到更高的业绩，就要坚信爱是一切动力的源泉，就要学会用爱来唤醒员工的热情和激情，让员工真真切切感受到温暖和关怀。

管理者对员工的爱是这样的：我很关注你们所做的事，我对你们的话很感兴趣，你们都聪慧无比，你们说的话是值得我聆听并回忆的。但是又有多少管理者可以做到呢？很多企业都会为员工送生日礼物，效果却大相径庭。有的管理者直接把这件事交给秘书处理，到了员工过生日的时候，秘书就会随便买一个礼物给员工送过去，如果员工不在就会直接放到桌子上走人，如果正好员工在，就随便说上一句“生日快乐”完事，偶尔秘书忘记了，这个员工也就收不到礼物了。这样的企业美其名曰要给员工爱，但还不如不送这个礼物来的划算。

同样是送生日礼物，有的管理者会把企业中每一个员工的生日都标在日历上，一旦看到哪个员工快过生日了，就会和这个员工的同事商量，看看他近期有什么愿望，希望得到什么，然后再精心挑选礼物，亲自送出，并在过程中和员工亲切的聊聊天，让员工真切感受到企业对他的爱。在这样的企业工作的员工都能感受到企业对自己满满的爱，他们也会自发地爱企业。管理者要想让员工具有主人翁意识、对企业忠诚，必须用爱来凝聚人心！

1998年底，我曾经培训过的温州一家鞋业公司在一场大火中部分车间与办公室被烧毁了，3000多名员工怀着痛惜的心情回到了家中，等待着董事长宣告企业破产。可是令人感到意外的是，他们一直没有等到企业破产的消息，却等来了董事长的一封信，信上董事长诚恳地向员工们道歉，并告诉大家，他愿意为大家继续支付一个月的薪水。

员工们拿到工资后深感意外，他们采用不同的方式向董事长表示感谢。一个月后，当他们又要面临困境时，再次收到了董事长的一封信，他宣布继续为全体员工支付一个月的薪水。员工们看到信，不再感到意外，而是深深地被董事长感动了。他们知道董事长不希望工厂倒闭，于是他们不再消极等待，而是积极行动起来，不约而同地涌向公司，原来的工人负责清理垃圾、搬运废墟；原来的采购负责联系货源；原来的销售纷纷跑出去联络已经中断了的买家。他们使出浑身解数，三个月后，这家鞋业工厂重新运转了起来。

有媒体问这家鞋业公司董事长：“你为什么不拿着保险公司给的赔偿金一走了之？”他回答：“现在正值金融危机，如果我走了，我的3000多名员工怎么办？”正是因为这家鞋业公司董事长对员工的爱，才让员工把企业当成自己的家，让企业在短短的三个月时间内重新运转了起来。现在这家公司已经成为温州鞋业界的知名公司，而董事长的这种爱也一直传承了下来。

爱是一切动力的源泉，不是一句口号，爱是要付诸行动的。只要管理者心中有真爱，对员工发自内心的关怀，就一定能换得员工的爱戴和尊重。管理者对员工的爱就体现在一点一滴的小事上。

满足员工的精神需求

每个人都有被尊重的需要，在所有的精神需求中，尊重占最重要的位置。所以，管理者应该对员工一视同仁，发自内心尊重员工，不能因为员工的工龄长短、贡献多少或职位高低就对员工采取不同的态度。

每个人都喜欢听到别人的赞美，管理者要学会适度对员工进行赞美。但是赞美贵在真诚，不真实的赞美无异于讽刺，所以应当在该赞美时才赞美。当员工出色完成一项工作时，管理者要针对这项工作给予一定的赞美；当员工这段时间业绩突出时，管理者可以对这段时间员工对公司所作的贡献进行赞美。赞美员工时一定要发于真心，不能为了赞美而赞美。

每个员工都会有不同的心理和精神需求，企业要尽量满足员工的要求，比如，可以每月举行一次篮球比赛，缓解缓解整个月的疲劳；可以在重要节日的时候举办歌咏比赛，让爱好音乐的员工一展风采；或者组织员工出去旅游。这些活动不仅让员工们精神有了寄托，还会促进员工之间的交流，为今后的工作提供便利。

用微笑面对每一位员工

一句热情的问候、一句温情的话语、一个微笑、一声叮咛，对管理者而言可能是稀疏平常的事，但是对员工们却是一种尊重和信赖，让他们的心里充满了感激。员工渴望在公司中找到家的感觉，找到朋友的感觉，管理者发自内心的关怀让员工找到了自己内心深处的那份渴望。

切实维护员工的利益

关爱员工，要切实维护员工的利益。当员工遇到困难时，不管是工作上的还是生活上的，管理者都要给予一定的帮助。如：关心员工的家庭生活，为员工解答工作中的困惑等。这些问题看起来很小，但却直接影响着他们的心情，只有帮助他们把这些问题解决掉，员工才会没有后顾之忧，才能把全部的精力都投入到工作中去。

你是下属的教练还是保姆

每个员工都喜欢做事积极主动的管理者，但如果凡事都积极主动，真的就会受员工欢迎吗？答案是否定的。

我问你，为什么大部分的工作老板都能做，但他却从来不自己做？这不仅仅因为他是雇佣你的老板，更因为他懂得无需事事主动却能运筹帷幄的道理。既为自己节省了时间，又赢得了威信，这样一举两得的事，老板怎会不做呢？

同样，管理者也是一样，你可以主动，但不要凡事都主动。

在一个周末的晚上，我正在处理手头很重要的工作，突然接到一位自称是淘宝卖家打来的电话，说是要和我确认订单信息。我立刻拒绝道："很抱歉，这件事我不太清楚，你和我妻子说吧，我叫她。"对方却执意要我确认："没关系，反正东西是您家的，您确认也一样。"这时，刚好妻子走过来，我立刻打断了这位客服小姐的话："我的妻子就在我身边，具体的事你和她说吧！"转身我就将电话交给了妻子。事后妻子向我抱怨："反正是咱家的东西，她问你你就回答一下呗，你一点都不关心这个家。"

……

或许你会觉得我太冷漠，其实不然，我只是清楚地知道，哪些事必须由我来处理，而哪些事是妻子可以替我分担的。我的工作堆积如山，这些是我必须积极主动完成的。至于一些家务琐事，我无法也无须事事自己完成。

不只是在家庭中，作为企业管理者，身为团队中的一员，同样不需要事必躬亲，主动执行任务是一种积极的工作态度，但凡事主动就是一种不会工作的表现。

不懂得运用时间是凡事亲自出马的根本原因

虽然每个管理者每天都拥有平等的 8 小时工作时间，但有的人不是在主动控制时间，而是在消磨时间，在不清楚自己还有多少可利用的时间的情况下，很可能为了显示自己的敬业态度而无休止地揽活，也不管接到手的任务能不能胜任，总觉得自己有能力、有信心，不需要别人来办，殊不知，很多工作其实并不值得自己亲自出马。这样的管理者看似给人感觉很独立，其实是不善于运用时间执行工作的表现。在一个团队里，每个人都有自己独特的一面，也许有的工作不适合你，但却适合其他伙伴，如果你偏要抛弃队友而事必躬亲，反而无法提升执行效率，耽误的却是自己的宝贵时间。

把要做的事和不需要做的事分开，确定了就义无反顾地执行

要不要做一件事情不是掷骰子——一切交给命运决定。你是执行的主角，就应该由你亲自确认并分开需要你本人执行和无需你亲自做的事情。尽量在最短时间内确定，因为很多任务都有“连锁反应”，你迟迟犹豫不决，等到想起要找人帮忙时，或许你的任务已经无法中途插入对方的工作中了。所以，在第一时间把任务确定，然后就开始义无反顾地执行。

尝试把任务“分流”，给自己一点喘息的空间

有些管理者一边忙碌一边抱怨老板没人性，分给自己的工作太多。这时不妨试着把你接到的任务“分流”，挑出那些无需你来完成的工作，交给伙计们去做，当然，作为回馈，你也要时刻等待帮助别人执行一部分工作，记住，团队成员就是用来互帮互助的。否则，你就会被大量不必要的任务淹没，当管理者纠缠于琐事时自然不会有时间处理更重要的事，久而久之，你的执行力就会变得低效率。

你能否做到赏罚分明

论功行赏、赏罚分明才叫公平，作为一名管理者就应该做到奖罚分明、不偏不倚。对管理者来讲，恩威并用是不变的管理方式，赏罚是员工对工

作做好做坏的诱因，一个工作如果没有其本身的魅力，做工作的人必然没有积极性。在企业中，有一两个工作懒散的人还不能影响全局，但量变达到质变，当对工作有积极性的人越来越少、形成一个整体时，整个企业必定会陷入停滞落后的状态。所以说在工作业绩中必须要有赏罚，在人员管理中，必须要有赏罚，这是企业团结的前提，是员工努力工作的物质基础。

我经常会对培训的管理者学员说，在一个能良好运行的企业中，需要把人才流失率保持在一个恒定的数值水平，这个值根据不同行业有不同要求。在制造行业中这个比率保持在8% ~ 10%是最合适的。低于这个值说明公司缺乏新人注入，长期下去会使公司缺乏创新能力和活力，高于这个数值则说明公司人员跳槽过于频繁，对公司文化形成及稳定性有影响。

根据员工工作业绩，应该把员工分为三个类别，由最佳、中等到欠佳，三个类别以2 ∶ 7 ∶ 1的比例安排。管理者每年都要按照三个类别的公司人员分类排序，对最好的“2”和最差的“1”做具体调查，甚至连名字、业绩、薪资待遇都要知晓，并给予适当的赏罚。

作为一家集团运作化电器公司总经理的王洁忠深知改变一些思想老化、固执的老员工要费多少精力，他在公司年会中提到：管理、制约、调动他人的欲望和思维是员工执行力最关键的内容。

一次，王洁忠到公司营销部视察，他对营销部经理说：“现在你做得很不错，但我相信你还可以做得更出色！”营销部经理一脸难色，问道：“那您可以帮我指出怎样做才能更好呢？您看看我们的报表，看看政策，我已经尽了最大努力，要做到再好我想是有相当大的困难的。”王洁忠沉默了一下，平静地说：“我确实不知道怎么做，但我却知道你还能做得更好。现在，我批准你休假半个月，在这半个月中你不要想公司的事，等半个月后回来，就当自己是新入职的员工，抛下现在的想法，用一个新人的眼光，看看还能不能做更多对营销有利的改善。”

营销部经理对王洁忠的决定似懂非懂，在休假半个月后回到公司，照王洁忠的指示用全新的眼光对营销策划做相应改变，短短半年，销售业绩便翻了一倍，后来他就升职为营销中心副总经理了。

对于管理者来说，处理表现最差的10%相比那最好的20%要艰难得多。公司新上任的经理第一次确定最差的员工是件容易的事，但越往后事情越困难，到最后“简直就成了一场战争”。他们认为，那些表现最差的员工虽然离开了这个团队，但他们已经和团队里的每一个人都有了感情。同时，经理们会想出许多奇招怪法避免确定这底部最差的10%。有时候，他们把那些当年就要退休或者其他已经被告知要离开公司的人列入“黑名单”，有些经理甚至干脆把那些已经辞职的人列在最差员工的名单里。

管理者只有奖罚分明，才能提高企业执行力，那么如何做到奖罚分明呢？

明确谁应该奖，谁应该罚

对一个完整的企业来说，要明确谁应该奖励，谁应该惩罚有时并不是那么容易，要想明确这点，首先要做到明确每个员工的工作目标，如果管理者连员工的工作内容、目标都不了解，那么当员工没有做到工作量的时候，也不会察觉，这样就衍生了员工偷懒拖拉的工作态度。其次要明确每个员工工作的要求标准，在员工没有完成工作或工作有错误时就应该惩罚，在员工超额完成或优质完成工作任务时就应该奖励。奖罚要分明，必须按照规则实施，不能有不公平的情况出现，以免使部分人员心理不平衡。

明确该怎么奖，该怎么罚

在奖励和惩罚上，并不是单纯的以加薪或罚款来施行的，奖罚需要有技巧，不然安排不好会使激励政策起到适得其反的作用。

一般来说奖罚包含两种形式，一种是物质上的，一种是精神上的。物质方面包括加薪降薪、福利待遇、假期安排、职位安排等等；精神方面包括激励表扬、荣誉称号等等。物质和精神相平衡的奖罚会有非常好的效果。

另外，奖罚的尺度也需要管理者认真掌握，在企业不同时期、社会不同阶段奖罚的尺度都不尽相同，要根据具体情况具体分析奖罚尺度，不能过大也不能过小，达到激励全体员工认真工作即可。

木桶的含水量是由短板决定的，大树的高度是由最高枝决定的，在企业中管理者对员工的看待要注意“短板”和“最高枝”，管理者必须兼具软硬两手，既要踢人，也要抱人，实施起来坚决果断。抱人是件好事，踢人虽然会使人痛苦一时，但也绝对必要。如果执行之时优柔寡断、瞻前顾后，就会失去应有的效力。

你是否能认识真正的自己

“力拔山兮气盖世，时不利兮骓不逝。骓不逝兮可奈何，虞兮虞兮奈若何”，这是项羽在垓下被围之夜唱出的凄凉之音，古今有多少人替他惋惜，与之同泣，可是这位英勇的将军是否知道自己为何会沦落至此呢？

尼采曾说过：“聪明的人只要能认识自己，便什么都不会失去。”任何一个人想要得到真正成功，首先应该从了解自我开始，知道自己是谁，在做什么。项羽之所以被刘邦打败，败就败在他没有认清自己，不知道自己在做什么。

管理者想要取得真正的成功，必须从认识自己开始。如果一个人连自己的状况都不清楚，不知道自己的发展方向在哪里，不知道自己在做什么，就不能把自己的能力发挥出来，自然也不会取得成功。每一个想要取得成功的人都必须考虑我是谁，我要做什么，我能做什么，为了实现自己的目标我要做哪些准备。只有这些问题得到解决，才能够找准自身定位，取得最终胜利。

有些人在做基层员工的时候表现很好，工作业绩突出，与同事相处非常融洽，可一旦当上管理者，他就会发现，原来的同事会离他越来越远，再也无法回到原来那种和睦融洽的气氛之中。

在上海一家企业做培训时，我发现员工对他们的主管颇有微词，本来大家正聊的热火朝天、笑的肆无忌惮，一旦主管过去，大家的交流很快停止，一会儿就做鸟兽状散了。我想搞清楚这个事情，就趁中午吃饭的时间与员工们坐在了一起，聊起了这件事。员工你看看我、我看看你，不知道怎么说。后来，还是几个比较胆大的说了起来。原来，他们主管是因为在公司工作时间长，有一定的业务能力所以提上去的，并没有什么管理经验。虽然他以前和大家相处得很融洽，但是自从当上主管后就像变了一个人，为了树立起威严感，他不再主动和员工说话，还整天板着脸。虽然以前也是在基层工作，但现在却从来不替员工考虑，一心只想做好领导交待的任务，有时候任务重、时间短，他在做之前也不告诉员工领导需要做成什么样，只是让大家看着做，可是等大家辛辛苦苦做完了，他又不满意，不仅打回来重做，还冲着员工大喊大叫，让人难以忍受。不仅如此，他现在简直就成了老板的监工，整天发号施令，稍有差错就会被叫到办公室训斥一顿，等员工做出业绩来，他还会占为己有，以此增加老板对他的信任和赞赏，所以员工们对他这种行为与态度不认同。

第二天，那个主管也找到了我，向我诉说了他的委屈。他说以前跟大家相处得很好，可不知道为什么现在却变成了这样。因为他是从基层提上来的，没有什么管理经验，为了更好管理员工，他还故意板起脸以增加一点威严感，确实他说的话都是发自真心的。员工好像故意跟他作对似的，很简单的事情也做不好，中途也不找他询问，到最后事情搞砸了才来找他。不仅这样，他即使想和员工沟通一下，员工也对他爱答不理的。当领导表扬他的时候，员工都觉得不公平，可是当领导批评他的时候，谁为他顶过呢？

就像这个主管一样，作为一个企业的管理者确实有很多不易之处，他们缺乏对自身的认识，不知道自己在做什么，很难找到自己的位置，不能给企业带来活力。无能的管理者就像一个庸医一样，不仅治不好企业存在的隐患，还会使组织关系恶化，使企业的生命力降低。

一个管理者如果对自己在做什么都不知道，不能正确认识自己的岗位，不能正确对待自己的工作，那势必会影响企业及个人的发展。可见，如何正确认识和对待自己的岗位职能，是每一个管理者都必须面对的问题。

管理者要做好他人的“服务员”

如今的企业越来越注重团队的力量，企业的管理者和基层人员是一种互相依赖、互相帮助的工作关系。管理者以科学的管理和领导使基层人员创造出个人业绩，基层人员的团结协作为管理者创造团队绩效。

企业的发展与各层管理者的执行能力，以及每个员工能够按照上级领导所制定的目标计划配合执行是分不开的。现代企业如何看待一个人不是仅凭个人业务能力，而是要看其所在的团队的能力，只有团队的执行力提高才能推动企业的发展。要想更好地融入团队，就应该设身处地地为他人着想，给他们创造出更好的工作条件和更多的发展机会，不要把自己看作团队的顶梁柱，而要做他人的“服务员”，竭尽所能为他人提供他们所需要的服务。

作为企业的管理者应该起到公司与员工之间的桥梁的作用

管理者是公司与员工之间的桥梁，公司要业绩，员工要福利，只有对公司和员工“双向”负责的管理者才是合格的管理者。一方面，管理者应该用科学的方法带领团队，为公司创造业绩；另一方面也要向企业上层反映员工的需求，为员工谋福利。这样的管理者才能受到领导的青睐和员工的爱戴，帮助企业与员工一起实现双赢的效果，真正起到双方桥梁的作用。

不考虑员工利益和感受，整天对员工发号施令，冷言冷语的老板“监工”或者不顾公司利益，只考虑自己和员工的利益的“邀功者”都不是合格的管理者。这类管理者一定是被“双炒的管理者”，或者说是“倒江湖”的管理者，在员工面前说企业不是，在企业领导面前道员工不行，久而久之，这样的管理者在领导面前会失去信任，在员工面前会失去威信，结果不是被员工“炒了鱿鱼”，就是被气愤的领导“炒了鱿鱼”。

要学会尊重别人

员工应该尊重自己的领导，领导之所以能够成为领导，自然有他的过人之处。他可能会在你的工作上给你一定的指导，也可能在生活上给你一定的照顾。所以，员工应该尊重自己的领导，但千万不要阿谀奉承、溜须拍马。

作为企业的管理者更应该尊重自己的下属，只有尊重了别人才能得到别人的尊重。管理者经常需要向员工安排任务，或者检查员工任务完成的怎么样，时间久了自然而然就会习惯用一种命令的方式安排下属的工作；或者对下属完成的工作“横挑鼻子竖挑眼”，用严厉的语气来斥责下属，这种方式会给管理工作带来非常大的危害。

不尊重员工，自然不会得到员工的拥护。员工会用一种消极的态度来对待管理者所下达的任务，这样工作越做越差，管理者越来越着急，员工越来越不配合，如此循环下去，对谁都没有好处。

作为管理者，在工作中要学会尊重员工，淡化上下级差别，把自己和员工放到同一个级别上去。学会用委婉的方式来安排工作，当发现下属的过失时不要着急发怒，要“晓之以理，动之以情”，采用提“建议”的方式让员工明白自己错在哪里，应该怎样改正。

有的管理者担心这样会降低自己的威信，管不住员工，其实，大可放心，因为这样做只会得到员工的尊重和信任。

实战案例：“富士康13连跳事件”的启示

在工作中，一个人不管职位如何，如果把工作当成职业，就会把自己定位成一个打工者，觉得是在为他人工作，最大的受益者是老板，是主管而不是自己，那么，在工作中他的目标就是不挨批评，不扣工资，能够交差就好了。而如果他把工作当成他毕生的事业来看待，他就是他命运的“总经理”、“设计师”，那么在工作中他就会全心全意付出。以这两种不同心态做事的管理者，得到的结果一定不会相同，甚至是差距很大。一个人用不同的心态和情绪看待外在事物就会产生不同的结果，决定一个人成败的不是外在的事物，而在于内在的心态和情绪。

因为“富士康13连跳事件”，国内某网站做了一项关于职场人压力状况的调查报告，报告显示：48.6%的职场人表示压力很大，44.4%的职场人表示压力处于一般状态，完全没有压力感的职场人只占7%。那么在职场高压下，作为企业的管理者该怎样做好员工的心态管理和情绪管理呢？

心态管理和情绪管理其实都是让积极的心态和情绪成为人生的主导，控制消极的心态和情绪的影响，从而确保大家保持良好、乐观的心态和情绪，不断激励自我、完善自我，以此来达到管理的目的。

对于企业管理者来说，进行心态管理和情绪管理，首先必须找到员工不良心态和不良情绪的产生源。拥有不良心态和不良情绪的员工工作缺乏积极性、效率低下，并且精神状态欠佳，当看到员工有这样的反应时就要多跟他们交流，找出他们产生不良情绪的原因，然后对症下药，使员工的不良心态和情绪得到疏导和宣泄。管理好员工的心态和情绪需要从以下几方面着手：

营造轻松愉悦的办公氛围，提升个人的整体感受

让人心情愉悦的办公环境可以让员工的心情愉快，压力降低。当员工

们以一种积极、愉悦的心情工作时，效率会大大提高。管理者的权威并不是靠板着脸营造出来的，只有放下架子，和员工平等相处，才能得到员工的尊敬。营造轻松愉悦的办公环境，和员工做朋友，管理者得到的不仅仅是更多的业绩、更高的回报，还将得到更多的快乐。

要把员工当成合作伙伴，而非工作中的一枚棋子、一个工具，让员工感觉到亲情、温暖与关爱。

实现企业目标和个人目标相一致，真正达到双赢目标

“皮之不存，毛将焉附”，企业与员工是相互依存的关系。企业为员工施展才华、开创未来提供了一个平台；员工是企业的基础，是企业发展的第一生产力，两者相互依存，缺一不可。

“众人同心，其利断金”，只有当企业目标和个人目标相一致的时候，员工才会把自己当成企业的主人翁，努力去经营去呵护，和企业一起同甘共苦。当大家目标一致时，所有人都会为同一个目标努力。大家步调一致，企业的工作效率就会提高，企业也将会不断壮大。

建设企业文化，改善员工心态和情绪

企业文化有一种强有力的号召力和凝聚力。如默克公司的企业文化“我们从事保存和改善生命的事业”，激励了一代又一代的默克人为之奋斗。企业文化是员工从进入企业那一刻起一直寻求的认同感，是一个员工愿意为之付出努力的精神内涵，是一种崇高的职业精神，对员工的心态建设和情绪调节起着非常重要的作用。

建立健全沟通机制，使员工的情绪有一个宣泄的出口

管理者要想领导好企业，就需要沟通、沟通、再沟通，沟通是管理者了解员工思想的最基本方法。良好的沟通可以使企业高层得到更为详实、准确的材料，可以使决策更加符合实际，也可以使决策更好地被理解、被执行，提高企业的工作效率。

当员工对企业的制度不满时，如果有健全的沟通机制，这个不满很快就会被解决，员工会有一种认同感和忠诚感，感觉自己是企业的主人，会更加积极主动地工作。可见，建立健全沟通机制，为员工找到一个情绪的宣泄口是非常重要的。

匹配工作条件，使消极心态和情绪化于无形

员工的心态和情绪会受到工作环境的影响，工作有不同的种类，不能要求大家统一一个标准。在实际工作中，要按照不同性质的工作提供不同的工作条件。比如：做设计工作的人员更注重创新和个性，如果让一群设计师每天必须穿着整套的工装来上班，不就严重阻碍了设计师的灵感？IT行业非常需要团队合作能力，所以工作环境应设计得开放、宽松，便于团队成员之间的交流。

当然，员工的心态管理和情绪管理还有很多好方法，如设立有鼓励作用的工作记录表，组织团队成员一起讨论等，在这里不一一论述。

STEP2 确定执行目标：引领执行方向不偏离

没有目标的企业，就像失去航向的船，没有方向

执行是船，目标是帆

目标是企业的目的和任务，目标的实行者也是制定者。

没有目标的企业，就像失去航向的船，没有方向。企业管理者必须通过目标对下属进行管理。在没有目标方向的企业，各人做工作随意性都比较大，缺乏统一布局，企业规模小还可以把握，当企业规模壮大、工作人数越来越多时，没有同方向的缺陷便显现出来，矛盾冲突越来越成为企业首要解决的问题。

丰田汽车工业公司，每年生产各种汽车 300 多万辆，其中 50% 出口，年营业额高达 6 万多亿日元，居日本汽车制造业榜首。在世界十大汽车公司中，丰田公司仅次于美国通用汽车公司而名列第二。丰田公司生产的轻型小轿车，更是以它质量上乘、美观耐用、上门服务而遍布全球。丰田汽车公司在自身的发展过程中，通过对日本与美国在经济发展速度上反差大的认真比较和分析，找到了日本人在生产管理上存在的致命弱点，就是生产过程中的浪费现象。从前按照传统的作业方法，装配工厂习惯于在装配需要时才送零件，这就需要公司拥有较完善的仓库设施、运送汽车部件的人员和仓库管理人员。公司生产出目前不需要的汽车部件存放在仓库里，不仅浪费了人力、物力，而且库存零件还占压了资金。为了改变这种浪费现象，丰田将传票卡制度应用于生产流程。应用此制度之后，使各原料工厂、零部件工厂和装配厂分工细致，而且能自我约束，从而做到了忙而不乱、井然有序，大大减少和消除了生产过程中的浪费现象。

传票卡制度合理完善后，丰田汽车公司由于按计划生产所需要的东西，不使生产的产品过多，减少了仓库的产品积压，降低了生产成本，取得了很高的经济效益。据统计，丰田公司设置的零组件仓库仅是日本第二大汽车公司的 1/5, 单这一项每年节约开支就达 40 亿日元。

丰田汽车工业公司实行的是目标管理理论。为了实现公司的总体目标，丰田公司从生产作业、营销管理、管理制度等方面加强着手，层层有目标、人人有责任、人人有动力。

归根到底，目标管理的重点在于自我控制，在以注重成果为第一的方针引导下，促使企业领导权力下放，实行科学民主政策。在为企业总体目标前进的过程中，需要首先确立企业整体目标，然后各部门才能制定细节目标。目标监管是非常重要的，它监管偏离企业轨道的行为势必为企业发展起到良好的促进作用。

如何有效制定企业目标，总体来说有以下五种方法：

逐年递增法

逐年递增法，是在员工上一轮业绩的基础上，适当增长一定量来确定阶段目标的一种方法。企业要想灵活恰当运用这种方法，就需要对员工业绩提升有详细记录，并在实行下一阶段工作前，确定业绩递增或下降百分比。这个百分比是一个标杆，不是人为制定的。逐年递增法的优点在于百分比以递增形式呈现，会大大调动员工工作热情，使他们增强上进心和进取心；缺点在于如果企业所在行业处于业绩低迷状态，员工业绩百分比呈下降趋势，就会对他们的工作产生负面影响。

目标分解法

目标分解法，是将企业整体目标进行细致分解，然后下达各部门，让各部门自己根据整体目标确定部门目标等逐级分解的方法。目标分解法的优点是企业总体目标非常清晰，使所有员工的个人目标与企业整体目标相吻合；缺点是企业目标分解复杂，下达到各部门容易与整体目标有所偏差。

上限平均法

上限平均法，是指将各部门业绩前 1/3 的员工业绩平均值作为整个部门人员的目标。此方法的优点是在高目标的激励下，可以使业绩低的员工向前进步，但它的缺点也很明显，就是不符合差异化管理标准，而且让业绩优秀的员工也有非常大的压力。

平均加合法

平均加合法，是指对同一部门的员工业绩的平均值再进行改进，作为考核目标。采用平均加合法能呈现一个部门的总体人员职业素质情况，并没有将提升作为重点目标，降低了对业绩差的员工的压力，从而不能完全挖掘优秀人员的潜力。

浮动目标法

与前面四种方法不同，浮动目标法的特点是其业绩目标不预先透露，根据市场调节企业部门目标并不断进行浮动调节。浮动目标法可以真实反映市场行情，降低市场环境对员工的工作情绪影响，但是浮动目标法如果用于行业竞争激烈的领域，可能会引发部门内部不团结。

综上所述，管理者制定业绩目标的方法很多，但却没有一种是完美的，这就需要管理者根据自身情况去选择最合适的方法。目前也有将五种方法综合起来应用的，信息收集就会更精确。

看清楚谁才是你真正的执行目标

对管理者而言，企业的目标就是自己的目标；对企业而言，顾客的目标就是企业的目标。

创造顾客的目的是长远发展，一个企业把创造顾客作为根本目标是有远见、有其根本发展基点的。而有效开发和利用资源，尽最大努力向顾客展示产品，加上与后期服务完美结合，这就是在创造顾客。也只有不断创造顾客，企业才能更新受众体，以积累资金长久发展。

而目前许多企业常犯低级错误，就是不知道自己的顾客是谁，没有一个精确的市场定位。企业中80%的利润是由20%的顾客创造的，对于一个企业而言，想生产什么并不是第一位的，最重要的是顾客想要什么。

顾客的认知价值决定企业的一切。需要注意的是，顾客认定的价值往往不是产品本身，而是一种满足需求的价值，换个说法就是产品或服务为顾客带来了什么。就像人们购买汽车中的奢侈品凯迪拉克并不是将它看作单纯的交通工具，而看作是一种社会地位、身份的象征。如果顾客有某个方面的需求，企业并没有抓到，就不会生产相应产品，抓住市场的机会就错失难回。

美国玩具商“孩之宝”公司，当年在中国就成功地创造了玩具“变形金刚”的顾客群。“孩之宝”公司经过周密策划，将一套“变形金刚”动画片免费赠送给中国一些大城市电视台播放。当孩子们被荧屏上的“变形金刚”形象深深吸引时，“孩之宝”公司将“变形金刚”投入市场。动画片成功地引导了消费，创造了众多的中国小顾客。“变形金刚”价格虽高，但视孩子重于一切的中国父母舍得花钱满足孩子，所以玩具“变形金刚”进入中国市场后，独占当年中国玩具业年销售额的30%。从这一实例不难看出，引导消费的魅力有多大。

其实创造顾客的方式是多样的，生产满足顾客需求的产品是创造顾客的根本方法。例如：对于少女来说，一件衣服的价值在于其时尚的款式，衣服必须“时髦”，价格是她考虑的次要因素，而质量几乎不在她考虑的价值范围。若干年以后，少女成了一个母亲，款式就成了相对次要的条件，她可能不会买那些过时的东西，但是她首要考虑的是舒适、价格、耐用性等因素。

良好的服务是创造顾客的另一方法。在营销学中有这样一个经典故事：某位专门卖鞋的推销员到一个海岛去推销鞋子，但他很快就失望而归，原来这个岛上的人从来都是赤足走路。当另外一位卖鞋的推销员来到海岛的时候，他留了下来，并卖掉了所有的鞋。原来他先教会当地人穿鞋，然后再把鞋卖给他们。他成功的原因在于为顾客提供了到位的服务。

赢取更多顾客为最终目的是所有企业的目标。都有哪些方法可以创造顾客呢？

满足社会需求，满足消费者需求

了解消费者的需求，研究消费者心理。通过研究消费者心理，预测未来市场，赶在竞争对手之前研发并推出适合消费者心理需求的产品，方能占领市场先机。

提升服务质量，压低利润

提升服务质量，压低利润是创造顾客的主要方法。现代管理以顾客为中心，必要时割舍一定的利润，并将被动销售变为主动服务，由此保持自己在公众中良好的形象。这也是企业挑战竞争、引领未来的有效方略。

开发客户，引导消费者

善于引导消费，将潜在的顾客变为现实的顾客，这是创造顾客的营销技艺。山姆·沃尔顿曾说过这样一句话："我们的老板就是我们的顾客，是他们每月付给我们薪水，只有他们有权解雇上至董事长的每一个人。道理很简单，只要他们改变一下购买习惯，换到别家商店就是了。"引导消费者具体消费行为是最难但效果最好的营销手段。

企业要生存与发展就必须将产品卖给顾客，只要企业产品能满足顾客的要求，赢得顾客的信任，那么顾客就会购买你的产品，你的企业才会有未来。

定位执行方向，聚焦执行目标

虎啸深山、鱼翔浅底、驼走大漠、雁排长空……世间的每一种生物都有其自身的定位，找到属于自己的那一片天空，你才能自由翱翔。

管理者能否取得成功，关键在于是否能够找到自己的位置和目标，并为之坚定不移地走下去。人是一种了不起的动物，只要他专注于某一项事业，就一定能够作出一些让人惊叹的成绩来。所以，要想取得成功就必须给自己定位，找到执行方向，才能聚焦执行目标。

记得我刚进入培训这一行业时，我的老师问我："你以后想要做什么？"我说："还没有想那么远，现在就是多向老师学习，以后的事情以后再说吧。"老师很严肃地告诉我："如果一个人没有目标，那就没有前进的方向，成功的路是由目标铺就的，只有有了目标，才能为了这个理想的事业去努力、去奋斗，你知道吗？"我晚上躺在床上想着老师的话，心里告诉自己必须树立一个远大的目标，并一直坚定地走下去。也就是从那天晚上起，我的目标之路开始展开。

五年时间，我开了好几百场培训，现在我一次课程的报酬相当于过去三十次讲课报酬之和，并且创办了自己的咨询培训公司。这所有的一切都来源于那天老师的一席话。他使我有了一个远大的目标并坚持了下来，其中当然有困难有挫折，但是一想起那个耀眼的目标，我就有了战胜一切的力量。

找准位置，聚焦目标需要对自己有一个清醒的认识，需要坚韧的毅力，需要持之以恒的努力，需要战胜困难的勇气和抵御诱惑的强大意志力。

企业管理同样是这个道理，一定要找准自己的定位，明确认清企业最适合的市场是什么？现在在做什么，擅长做什么？在哪一块比较容易栽跟头？以后想要变成一个什么样的企业？如果没有认清现实就盲目瞎干，是不可能取得什么成就的。

20 世纪 90 年代，由于燃料价格一直上涨，乘客数量不稳定、竞争激烈等原因，航空业经营进入了一个萧条期。很多大航空公司的利润都在渐渐缩小，还有一部分公司面临亏损、破产的状态，但是就在这个时候，美国一家微不足道的航空公司——美国西南航空公司却异军突起，在一片萧条之中，它的营业额却增长了25%。

西南航空公司是世界上唯一只提供短航程、点对点直航的航空公司，并且为了压缩成本、降低票价，公司的客机从来不搞豪华的内装修，甚至连电视和耳机都没有，但是这种廉价的点对点空运服务吸引了注重价格的商务人士、普通工薪阶层和学生等。

西南航空公司在发展过程中抵制了非常多的诱惑，有很多人会问公司总裁赫伯·凯勒尔："你为什么不飞伦敦，那样钱挣起来会更容易。"赫伯·凯勒尔告诉他们："这不是我的作风。"正是因为凯勒尔坚守住自己的核心理念从不动摇，才避免了在长途航线上与其他航空公司展开竞争。也正因为如此，在其他公司纷纷入不敷出的时候，西南航空公司仍然有很高的盈利。凯勒尔说："找准你的位置和目标，坚持不懈地走下去，保持弹性，你总会有超越期望的时候。"

西南航空公司这种找准定位、聚焦执行目标的发展策略，使它由一个不起眼的小公司成为美国超一流航空巨头。

找准定位是每一个管理者都必须认真对待的，一旦把这点认认真真、踏踏实实执行下去，就一定能够超越期望，得到预想不到的结果。

给自己一个明确定位

找准位置就是要认清自己的优势和弱势，找准自己的发展方向在哪里，给自己一个明确的定位。现代社会，人们的需求和消费习惯各种各样，任何企业都不可能满足所有人的需求，所以必须要找准自己的定位，认清自己擅长做什么，找准自己的竞争优势，寻找到最适合自己发展的市场。

聚焦目标，坚定不移地执行

聚焦目标指的是一旦为自己制定了目标就要坚定不移地执行下去。每一个理智的人，都会在心中立下一个明确的目标，并为之努力，正如歌德所言：一个什么都想做的人，其实什么事都不能做，并最终归于失败。

目标分解原则助力执行

“预则立，不预则废”的古训告诉我们：在做任何事情之前，都要有一个完整的计划，做好准备就会取得成功，否则就会失败。

企业要想永续经营，从根本就要求企业目标不能断层。当为企业设计了长远目标之后，要把企业的长远目标分解成一个个小目标，也就是规划好团队完成目标的行动方案。使每一个小目标达到完美连接，上一个目标与下一个目标要承上启下，不脱节、不断层，稳扎稳打走下去。

一个长远的目标难免会让人感觉不太现实、好高骛远，但是如果管理者善于把企业的长远目标分解成一个个的短期目标，并使短期目标具有延续性，也就是说上一个目标的实现是下一个目标的基础，下一个目标是上一个目标的延续，执行起来也就变得容易了。

一个公司在贵州山区购买了一大块土地，想要进行林业项目开发。公司董事长曾多次去该地考察，他发现这里风景优美，又处于苗族自治区，在经营林业的基础上，开发森林旅游和民族特色游也能大赚一笔，并且投入也比较少。于是他就下决心要开发旅游资源，但是这时时机还不成熟，所以，董事长就把开发旅游资源当成了企业的一个长远目标，在进行林业经营的同时为开发旅游资源创造条件。他要求在林业项目中增加很多观赏林和稀缺的果林，并且还种植了很多富有苗族特色的物种。在林中建水塔的时候，他又增加了投入，把水塔建成了苗族的特色建筑，并专门请了苗乡人为林中的建筑做装饰。还有一部分水塔建成可以登高望远的观景台，不仅有助于看林人看护树林，当旅游项目开发出来后还方便游客登高望远。这时，虽然这位董事长并没有大张旗鼓要开发旅游资源，但是他的所有措施都有利于开发旅游资源，为未来开发旅游资源奠定了良好的基础。

过了几年，当树木都长大成林之后，所有的建筑也都建设得民族风味浓郁，观景台也非常壮观。当大家登上观景台之后，那一番别致的景象让人心旷神怡，就这样，一个森林旅游和民族特色旅游的风格逐渐形成了。

在实现企业长远目标的过程中，管理者应该善于把企业的长远目标分解成一个个的短期目标，使各个目标之间形成一种台阶式发展，逐步登上每一个台阶，就会慢慢走向成功。

目标分解法不光应用在管理上，在体育、学习、人生规划上都得到了普遍应用。实行目标分解应该符合下列要求：

在实施目标分解的时候，要使企业的总目标与各阶段或各个职能部门及个人目标保持一致

各阶段或各职能部门及个人的目标要为企业的总目标服务。上一阶段

的目标要为下一阶段的目标做准备，各级人员的目标要协调一致，下级目标要以上级目标为基准。

分解的目标要明确具体

分解后的目标，无论处于哪个层级，都应该明确具体，并应该落实到某个部门或个人身上，成为其工作的重点。如果目标不明确或者没有落实下去，那将会出现目标断层、脱节的现象。

分解的目标可量化

分解出来的目标应尽力通过可量化的指标来加以描述。我曾服务过的一家集团公司制定的中长期发展目标为五年之内成为国内同行业领军企业、十年之内成为世界同行业知名品牌。那么，首先在制定目标时就要想到我们是靠什么来成为同行业在国内的领军企业，如果是靠销售额与发展规模的话，就一定要把企业的目标分为五个年度目标，即第一年的销售额与规模应达到多少？第二年……第五年的销售额与规模应达到多少？另外在十年内成为世界同行业知名品牌靠什么来支撑？如何去努力实现这个远大的目标？这些都要考虑清楚。而且还要考虑到利用怎样的方式才能促进达成目标的实现，如果目标未实现，原因是什么要分析清楚。如何做好调整与控制也要规划清楚，像销售额、时间、日期、人数规模这些都是可量化的指标，尽量避免使用今年的销售额要比去年多或今年的服务要比去年好这样不可量化的指标。

卓越执行官需要结合实情定位

人生是一种艺术，一个人多姿多彩的生命史便是他的作品。每一个人都有其独特的技能、天赋和能力，除了天才之外，没有人能够对所有事物都样样精通。

有的人喜欢理科，他的逻辑思维能力、计算能力比较好；有的人喜欢文科，那他的语言表达能力和理解能力就比较好。有的人天性活泼好动，天生就是个做业务的；有的人一想到和陌生人打交道就心里发慌、头皮发麻，可他心思缜密、数据观念强，做个仓管员、统计员或会计等与数据打交道的岗位也不错。

每一个人都有他所擅长的领域和方向。当你在悄悄问自己，我能做什么的时候，请你拿出一张纸做一个列表，写出你的优势和弱项。每一个人都有其自身的优点和缺点，只有扬长避短、精益求精才能打造出独特的竞争力。现在社会已经进入"注意力时代"，有特色才会有竞争力。要想为自己赢得发展的空间，就要使长处更长，让优势更优。

瑞士手表之所以能够成为手表中的佼佼者，一直稳坐高端手表第一把交椅，是因为瑞士手表一直坚持走"专、精、优、特"的路线，即使在国际钟表行业竞争异常激烈的时候，瑞士手表也从来没有放弃过这一特色，成为其他品牌无法取代的精品。

面对国际市场上电子表的猛烈冲击，瑞士手表并没有乱了阵脚，而是不断提升自己的工艺水平，使自己的优势得到最大程度的发挥，用实力巩固了自己"钟表王国"的地位。

作为管理者，也应该向瑞士钟表一样，为自己找到独特定位，找到自己的优点，并使其形成独特优势，为自己赢得发展的空间。

无论是企业管理者还是基层员工，都是企业的基石，都为企业的发展贡献着自己的力量。作为企业的一员，我们必须明确自己的使命，知道自己能做什么。

企业经营管理者如何做好自我定位

作为企业经营管理者，一言一行都会受到下属的关注和模仿，所以不管在任何时刻都要注意自己的形象。作为一个管理者，要想管理好团队，首先要管好自己，只有管理者以身作则，为下属树立好榜样，才会得到他们的敬重。

作为企业经营管理者，应该时刻牢记自己的责任和义务。当企业制定了战略决策后，管理者应当身先士卒、敢为人先；当企业遇到困难需要解决时，管理者要勇于承担、共同分担。企业管理者要让自己对待工作的态度成为下属学习的典范，要用自己的工作热情、认真态度、开拓精神来影响下属，让他们明白你对工作的要求。

作为企业经营管理者，应该严于律己，宽以待人。管理者要严格要求自己，不让自己犯错。但是对待下属要宽容，当下属犯了错后要帮助他们改正，不能因为一点儿小事就一直抓着不放，但是宽容也要有限度，对于那种一直犯错一直纠正却一直不知悔改的下属也要严格要求。要对他人形成有效的激励，让大家都团结在自己的周围。

企业的中层领导者可以做什么

作为企业的中层领导者，在企业中起着承上启下的作用。中层领导比高层领导更加了解企业的实际，相较基层员工而言，战略眼光又略高一筹。那么，企业的中层到底在企业起着多大的作用？中层是掌握岗位和行业信息最大的一个管理层面，在管理者对企业进行决策规划的时候，中层需要对高层的决策提供信息和资料，需要帮助管理者检查决策的正确性。

作为企业的中层领导者，要做好上下级的沟通工作。上级下达命令需要中层的传达，下级对企业的建议也需要中层的传达。中层领导者在沟通中起着一个重要的桥梁作用。

作为企业的中层领导者，要善于发现问题，解决问题。中层领导者要有一双善于发现问题的眼睛，当发现问题之后，还要对问题进行分析，找出原因所在，然后以最快的速度解决问题。中层领导者要成为一名解决问题的高手，把各种问题解决好，提高工作效率。

作为企业的中层领导者，最重要的作用是打造一支优秀的团队。即使其个人能力再强，不能带领团队，也不能称之为一个好领导。一个人的能力是有限的，相较于团队来说是渺小的，作为中层领导者要善于整合团队的力量，发挥出团队成员的最大潜能，才能打造出高绩效的执行体系。

群策群力，执行计划不能盲目

执行不是盲目的执行，是需要目标，需要综合分析事件的执行。管理者要想让执行有方向、执行结果完善，就需要让每个人把心中的想法讲出来，综合考虑结果，再实施执行手段。执行前需要管理者具有群策能力，具有这种能力才能将执行细节做到位。

当管理者意识到集思广益的重要性时，企业规划就变得豁然开朗，这一点我早些年在企业做职业经理人时深有体会。2002年，当时我刚进入一家机械公司任企业常务副总，一天由我主持一个各部门经理级参与的扩大会议。作为企业的高层领导在主持会议过程中，有个部门管理者提出的问题让我感到非常沮丧，毕竟当时我刚入职这家公司不久，而且这个问题引起了与会人员频频提出更多关于自己个人利益的问题，而其中的问题很多是经常萦绕在耳边，曾经反复强调的问题。我当时大为恼火，但由于是初来乍到，还有很多的情况有待深入了解，我只好回答说："你们所提出的这些问题在之前并没有得到彻底解决，如今还有恶化的迹象，关于这个问题还有待与董事长进一步沟通后才能真正得到解决。"当然这些问题后来我也一一给大家作出了相应的解决措施。

当我发现问题的根源时，也反复思考：为什么这些问题出现后，企业内部人员没有进行沟通交流，寻找答案呢？最让我感到无力的是，尽管也致力于进行企业内部改革，尽力让所有人参与到企业规则、事件策划中，但人们却仍然存在根深蒂固的思想，下级只对上级负责，上下级间只与一级差的员工对话，从没有广纳言论的措施，而基层员工却只关注工作，从来没有想过要提出对工作的修改意见。

我认为，管理者与员工之间的关系，并非管理与被管理的关系，而是一种分工合作的关系，管理者也不仅仅是发号施令的角色，他们也需要动力，而这个动力来源于上级领导的支持。另外就是基层员工的信息反馈，当基层员工有反馈意见时，就需要与上级沟通，这个上级并非必须是顶头上司，任何管理者都可以。我们不需要层层传达式的等级模式，需要的是群策能力，为企业注入更多新的思想。之后我发动了一次全公司由下至上听取意见的活动，并作了全员的访谈工作，鼓励员工多提意见，找到工作弊端，直接向上级汇报，使问题得到解决，这样一来企业的执行也就有计划了，全员也愿意参与，执行力也提升了。

群策能力很重要，是关系执行能否顺利进行的关键。群策能力实质上是将企业内部意见通过全体人员参与，就不同问题提出各自见解，找到前进的困难点，集思广益，在商讨中找到共同解决方案，最终的目的是让各部门无论是高级管理者还是基层人员都能参与到公司方案决策以及问题解决中来。

为什么执行前的群策如此重要，关系如此重大?

再智慧高明的管理者，也不能单打独斗靠一个人的力量作出成绩

企业的发展归根到底不是仅靠管理者，而是靠全体工作人员的付出和思考，一个企业的成长是全体工作人员智慧的结合。管理者需要了解自身能为企业创造的价值是什么，是否是企业的核心。在有重大问题时，能否耐心地听取所有员工的意见，即使这个意见自己是抵触的或对自己不利。在听取意见时，需要管理者具有分析、归纳意见的能力，最终的结论和决定需要至少半数人通过才算合格。

企业的成功需要广纳良言，需要调动起所有人的激情和积极性，才能确保执行力以及创造性思维出现。这需要管理者接受员工参与，将权利感放下，将信任感拿出，以平等开放式的态度吸纳良言；不要带有色眼镜看待不同阶层的工作人员，白领、蓝领不再是区分意见来源的框框；针对具体问题和提出的要求认真分析。这种企业交流方式，减少了中间传递环节，

给最后执行带来方便。

管理者明确个人与企业之间的关系，带来的不仅是个人能力的提高，更使企业经济效益得到提升。把原来与产品工作不相干的人聚集起来，把原本对公司有意见却没有提出的人聚集起来，得到各种新想法、新思路。各种阶层的人坐在一起，把自己与对方的观念互通，便得到了解和信任，企业团结凝聚力大大增强。

在这种工作经历中，不管是外界还是企业内部，都看到大家言行一致，感受到管理者的用心。那些曾经只对工作负责的人改变了思维，运转头脑、参与决策；高层领导也了解基层问题，看清公司各种问题根源的本质，领导能力提升，威信力和信任感增强。

群策包含着民主管理方向，包含科学决策指导方针

群策重点在广开言路，不听一面之词，不用片面思想眼光看问题。需要在一个问题上充分了解的基础上，听取各方面意见，无论是正面意见还是反面意见，都要认真思考，对利弊进行全方位比较，找到最佳优化方案。

企业执行上，最需要的不是埋头苦干的劳动力，而是具有能动的大脑。要想让员工动脑，就需要管理者有民主思想和行动，群策就包含了民主思想。民主的反义词是专制，专制是一个人决定所有事情，在企业中一人独大的思想仍有残留，但可喜的是越来越多企业管理者意识到专制的危害，将员工的声音作为决策的重要依据。

做一个好的管理者，需要有广阔的思想，提出的建议必须具有可行性，在这个基础上，工作人员才能信任上级，放心将个人不同意见提出。企业

所有员工意见综合还需要有作决定的人，这个人就是管理者。在决策过程中，各部门会根据部门利益出发提出不同见解，管理者此时要洞悉各方面情况，在民主的前提下改善意见，给大家一个合理的方案。

有始有终，让每一个行动都目标明确

目标是茫茫大海中的灯塔，为无数人指明了方向；目标是漆漆黑夜中的启明星，为万物带来光明；目标是漂浮的白云，让雄鹰有了追逐的梦想；目标是奔涌的浪花，让鱼儿有了遨游的理想……目标是一个人、一个企业取得成败的关键。人们都说做事要有始有终，我却强调在做事的时候要“以终为始”，先要弄明白自己想要一个怎结果，想要达到一个怎样的目标，只有清楚了自己的目标，工作起来才会有明确的方向，不至于南辕北辙。

“以终为始”，“终”是目标和方向，“始”是计划和行动。当你在刚刚起步的时候就要为自己制定一个目标，并且要为目标的实现制定出详细的计划，这样才会一直朝着一个既定的方向前进，不至于在执行的过程中不知道该怎么做。

一个没有目标的行动是缺失灵魂的行动，正如那些频繁跳槽的员工一样，他们没有为自己制定目标，不知道自己想要的是什么、该往哪个方向发展，在发展过程中试试这个不行、换换那个不行，工作了大半辈子，仍然在温饱线上挣扎。

管理者明确目标非常重要，制定详细的行动计划也不可忽视。目标的实现要靠实实在在的执行，只有行动才能将一切美好的愿望实现。

金蝶是一家软件供应商，我的一个朋友在这个公司做技术总监，他是一个非常有计划头脑的人，在一个项目完成之时，下一步的工作目标就已经制定了出来。比如他们在发布金蝶K3之时，就已经确定好下一步的工作目标：2007年12月30日在上海召开金蝶K5年度峰会，同时K5也是原来K3的升级版。在这样一个大目标确定下来以后，他就已经对未来要做的事情有了非常清晰的计划和安排，他会将金蝶K5的工作任务进行归类、分解，然后再分配给他的团队成员。并且在执行的过程中不断跟进进度，进行阶段性的总结和检验。在跟进进度的过程中，可以发现原定计划是否完善，是否需要修改，员工可能会遇到哪些问题，需要如何解决等。通过不断交流与合作，不断发现问题、解决问题才能推动工作的顺利开展，最终金蝶K5版软件在市场上很受欢迎。

对于管理者而言，“以始为终”就是要确定工作目标、制定详细的计划、跟进进度、做阶段性总结。那么，对于员工而言，“以终为始”代表什么呢？

作为员工，要想做到“以终为始”，就要清楚地了解和把握工作的最终目标，不让自己偏离工作的方向。

在工作之前要将工作按照轻重缓急进行排序

把那些重要的、紧急的工作放到最前面去完成，因为这类事情对于员工而言，是最为重要的而且是必须马上处理的，如果不能高效处理完这些问题，很可能给以后的工作带来影响。而对于重要但不紧急的事情也不要等着管理者来催促，因为它关系到你的长远发展，所以一定不能拖延，当机立断、麻利解决。对于那些紧急但不重要的工作可以把它放到重要的事情处理完之后再做，虽然从表面上看这样的事情可能很紧急，但是如果客观地审视这些问题，你会发现它可能并不重要，甚至不解决也不会对工作造成多大影响。对于那些不重要也不紧急的事情，如果所有的事情都解决完了，再好好做它，有可能当你来做的时候，它早已随着其他工作的完成消失殆尽了。所以，对于员工来说，要做到“以始为终”就要优化自己的工作方法，使自己的工作更加有条理。

在做工作之前，都要对今天的工作有一个清晰的构思

知道自己今天需要把工作做到什么程度，并养成日清日毕、绝不拖沓的好习惯。每天完成一点点，就会离目标的实现近了一点点。如果今天规定的任务没有完成就到了下班时间，有的员工会坚持加班，把今天的任务完成；有的员工会选择下班，把工作留到明天去做，且不知，明天还有明天的事情，一直恶性循环下去，不仅工作进度会被耽误，员工的心态也会发生变化。

在接到一个大任务的时候，要学会分解

管理者不可能会在分配任务时告诉你今天干什么、明天干什么，他会给你一个规定的期限，然后到期要结果。为了更好地保证工作的进度，员工应该学会分解任务，把大任务分解成一个个小任务，然后逐个攻破，这样解决起来比较简单，而且员工的心态也会随着一个又一个小任务的完成而变得轻松起来。

实战案例：A 公司的目标制定及分析案例

1997 年，中国的彩电市场由于降价迅速，供需关系由 1995 年的供小于求，转变为供大于求。而在整个彩电零部件中，显像管占成本的 70.7% 左右，要想整机价格还有所下降，降低显像管的成本则尤为重要。面对这种情况，彩电巨头之一 A 集团首先采取了市场渗透（旧市场、旧产品）的方法，买断当时中国市场上七成以上的彩色显像管。

A 集团此举使得其他电视机制造商都因无法获得足够的显像管而一度停产，A 因此奠定了自己的霸主地位。

与此举同步的，还有 A 集团推出的新产品，这符合 A 集团多角化（新市场、新产品）的发展目标。它开拓了新市场，吸引了更多消费者的眼球。

随着国内人民生活水平的提高，消费水平自然也大幅度提高，普通电视机已不能满足消费者的需求了，他们关注的焦点集中到西方国家的背投彩电上。于是 A 集团立即采取行动，投入资金研发背投。经过 A 集团的不懈努力，终于攻克背投技术国产化难关，将自己的背投产品烙上“中国制造”投入市场。由于是自行研发、制造的，成本低廉，引得无数消费者竞相购买，A 集团一举成为行业老大。

在市场竞争中，管理者在遵守市场竞争原则的前提下，可以八仙过海，各显神通，结合企业实际情况，分析企业自身的优劣势，确立合理的战略目标，再进行分解与实施，促使目标达成，并使用各种手段促进企业高速发展。

STEP3 制定执行计划：先预后立避免盲目执行

预则立，不预则废！

编制计划是通向执行大门的枢纽

一项计划并不在于你设计用了多长时间、有没有瑕疵，而在于你最终有没有执行。实实在在地执行是诚实守信的一种表现，而诚实守信又是一个人对自己、对他人高度负责的高尚品质。再伟大的计划，如果只说不做，也是毫无实际意义的空谈，执行落地是一种诚信，贵在坚持与言必行、行必果。哪怕一个策划案你修改了两个月，最终得以圆满执行也是值得的，但如果你所谓的策划了一年的大项目最终没能执行，对企业来说也是毫无价值的，只会增加成本，而不会带来利润。

有一次我和几位学员一起喝下午茶时，听他们提起一个叫孟飞的学员，他有一个特殊的外号叫“计划大失（师）”我想提醒他们不要随便给别人取外号，但听了他们的说辞，倒让我明白了这个外号的由来。

学员邓明磊和孟飞同在一个策划部门，她说：“老师，您不知道事实真相，他真的是我们部门出了名的‘计划大失’，他总是自以为策划能力了不起，每次会议上都会有几十个点子，就听他自己在那里夸夸其谈，领导开始对他还赞赏有加，说他很有策划的天赋，于是孟飞提出的很多案子都过了，后来领导让他把具体的计划案做出来，他却不屑一顾，觉得自己大材小用，有这时间写计划案，还不如多想几个计划。所以，别看他点子多，但最后落实成具体计划案的没有几个，所以大家都管他叫‘计划大失’，再好的点子到他那里就别想落实，肯定会成为泡影……”

原来如此，虽然这样的外号对当事人而言有些讽刺，但却说明了一个很现实的问题，空有点子不落实到具体项目上，就算他是一台“金点子复印机”也没有用。

对管理者而言，最重要的不是你能想出多少结果，而是你最终能给出多少结果，之前的各种想法是否都能执行成功。

注重执行的过程，不空谈计划

计划是很多人的强项，执行计划却是很多人的软肋。每个学期的开始、每年年初，是人们最常做计划的时候，但是经过一段时间回头再看，就会发现当初兴奋不已时写下的计划，最终达成的少之又少，于是很后悔期间没有按照计划执行，甚至还会重新再做一份计划，发誓下次一定要实现，结果可想而知，这样循环往复做计划的结果等于没有结果。与其空谈计划，不如注重执行的过程，不管结果如何也要照做，这样的执行力才更有保证。

用行动去落实，前期执行重在铺垫工作

一件事最终有没有被落实，最好的检验方式就是看对方是用嘴表示，还是用行动体现。执行，是一个人的行为动作，无需你展示“口技”，如果说得头头是道，最终却连执行的可能性都没有，反而会让人失望。或许你第一次这么做，老板会原谅你，同事会迁就你，但在一个团队时间久了，这样的你会有立足之地吗？管理者与其用嘴说明，不如用行动落实，虽然前期的执行只是一些琐碎简单的铺垫工作，但至少这可以让后面的任务借力使力。

履行职责，说到做到才能获取他人的信任

不知大家是否发现一个现象，那些位高权重的人，常常在对部下说完一些事后会补充道“君子一言驷马难追”，这是因为他们需要在众人面前树立自己的威信，但威信不是以暴制暴，而是用事实服人，如果他们总是说一套做一套，怎么能服众？同理，管理者不应因为自己位高权重而不在乎别人对自己的信任。在企业里，失信是件非常可怕的事情，不仅意味着人际沟通会受阻，也意味着老板不敢重用你。

计划到5分，执行到10分

老板：“你这次工作做得不错，但要是能做得再到位一点就更好了。”

员工：“我是按照您的要求严格执行的呀！其他的不在执行计划中啊？”

老板：“好像我们的企业没有规定领导只能执行计划好的事情吧？”

员工：“……”

没错，作为老板，都希望他的左膀右臂——管理者能自发地创造出不一样的结果来，但身为管理者，往往只知道老板安排什么就执行什么，要求一分，执行一分，那么这样的管理者很难在短时间内超越他人。

今年1月18日，我作为嘉宾受邀到天龙集团参加他们“优秀员工”的颁奖典礼。我的一位学员陈美嘉获得了“天龙集团公认最受欢迎的管理者”大奖，由公司董事长亲自给她颁奖。其实半年以前，她还只是天龙集

团公司的一名不起眼的小角色。后来我问公司老板："陈美嘉到底有着怎样的魅力，能跨越重重障碍，最终拿到这个奖呢？"老板微微一笑："很简单，她执行到位，从来不计较比别人多执行了任务，任劳任怨，而且我基本上要求5分的东西，她都能做到10分。"老板继续满意地补充道："你不信？记得有天晚上我和太太约好了要为她庆祝生日，可是客户却突然来了新的任务，虽然只是简单的修改工作，但是要得很急，我又实在不好和太太违约，刚巧我在走廊里碰到陈美嘉，就把这个工作交给了她。你猜怎么着，在要求她修改之前我就告诉她，对方急着要，简单修改就行了。但她在此基础上，把其他没有要求修改的地方也作了修改，结果第二天客户就打电话向我道喜，说我找到了这样一位能够要求5分、执行10分的好手下，奖不颁给他，我都说服不了自己呀！"

原来如此，机会是平等的，更是自己创造的。

其实，只要是有利于执行、能使结果更上一层楼的事，就可以去执行，就像老板所言，企业可没有规定管理者不可以做分外之事。成为要求5分，执行10分的自动自发型的管理者，未来的发展道路才会是光明的。

由"打工型管理者"转变为"主动型管理者"，不被动限制自身成长

"打工型的管理者"在执行任务时一切秉持"为老板做事"的态度，凡事都听从上级安排，自己没有主见，此类管理者即使在一个岗位上奋斗一辈子也不会有多大起色，不过是拿着应得的薪水为别人工作罢了。而"主动型的管理者"则是时时刻刻都在为自己工作，在满足上级要求的前提下，寻找自我发展的出路，全面检视执行过程，不放过任何一次

可以有效提升自己的机会，此类管理者也可以称之为“成长型管理者”，他们每一步的成长都脚踏实地，发展机会也多一些，而不会被动地限制了自身的成长。

执行要守规矩，但应主动发现可能性

很多管理者都是“规矩至上”的服从者，他们很怕违背了企业的规则，于是不管做什么事都一板一眼，即使有更多的想法也不会化为实际行动。守规矩应该说是每个管理者都应遵守的基本准则，但我们应该同时尝试着主动发现一些对我们有利的可能性，如果老板要求了5分，你做了5分，那么多余的可能性就不存在，只能说明你刚好完成了老板交代的任务，符合了老板的要求。而你却因为没有更多地尝试而发现自身内在的潜力，以及创造更好的结果。

在执行中学会自检，缩短执行时间，才能有精力执行更多

有些管理者在整个执行过程中拖拖拉拉，根本没有时间去多执行什么。如果是这种情况，你就要学会自检了，何谓自检？就是在老板还没有检查你的工作之前，自己先检查一遍，看看有哪些工作是需要进一步修改和完善的，尝试了解这些导致工作不到位的阻碍因素，并将其一一化解，或许中途会涉及一些与你不相干的事，不要犹豫，不要介意做一点分外之事，或许正是这些分外之事在为你的管理结果加分。

不可不知的执行计划组成要素

执行计划就是对工作进行全面的、长远的发展计划，是对未来整体性、长期性、基本性问题的思考、考量和设计未来整套行动的方案。

“计”是起，代表战略的制定，是一个企业长远目标的制定；“划”是落，代表战术的运用，是企业长远目标的落实，即企业要想达到这个长远的目标应该怎样去做。

管理者要想成功，在制定总体规划时首先应该把企业的长远目标制定出来，也就是让企业有一个明确的发展方向。只有清楚了企业发展的方向，管理者才能带领着自己的员工向着这个明确的目标而努力。另一方面，还需要在制定总体规划的时候制定出完成目标的方法和策略，即需要强大的执行力去支持目标的实现。只有有了高效的执行，企业的战略计划才能一步步落实到位。

有一次我应邀去参观一家制作玻璃制品的工厂，当我看到那庞大的流水线上璀璨生辉的玻璃制品时，不由得惊呆了，我敢说这真是人类创造的奇迹。

当我们随着车间主任走进一个生产车间时，正好看到一个管理者把一些看起来非常漂亮的吊灯挑了出来。我走过去仔细看了一下，并没有发现有什么不妥的地方。就问他：“这些吊灯是有什么特殊需要吗？”他看了看说：“那些吊灯都是不合格的，它们很容易坏掉。”我惊讶地说：“可是这些吊灯看起来这么漂亮，并且也没有发现它们有什么不好的地方呀！”他又回答：“哦，这个吊灯的中间有一条小裂缝，一般人是看不出来的，但是我们就是干这个的，所以很容易看出来。”我继续问：“这应该不影响使用吧，反正别人也看不出来，何必非要把它拣出来呢？”管理者很干脆地回答：“我既然选择了这个工作，就一定要把工作做好，做到位，虽然别人看不出来有任何瑕疵，但是我绝对不能让它出任何问题，因为这就是我的工作。”

后来，只要遇到我认识的人需要买玻璃用品，我就会推荐他们使用这个品牌。因为他们的管理者能够在无人监督的情况下仍然严格要求自己。这个企业的管理者是这样的，这个企业也一定是一个值得信赖的企业。

一个企业的成功，需要一个高明的决策；一个企业的成功，同时也需要强大的执行力把工作落实到位。

“计”和“划”有一定的联系，也有一定的区别，两者紧密联系，贯穿于企业发展的始终。“计”是战略，具有全局性、深远性和纲领性的特点；“划”是战术，具有局部性、短暂性和操作性的特点。那么怎样才能正确处理“计”与“划”之间的关系呢？

战略统领战术，战术体现战略

战略统领战术：战略是企业为了一个长期的目标而设计的行动计划，是企业管理的集中体现，所有的努力都是在为战略服务。战术体现战略：战术是企业战略的基础，是企业中各种因素的组成和运用，也是企业为了实现长远目标而不断变换的方法。

运用好计划管理工具

一个战略想要顺利执行，必须有一个明确的计划来支持。在制定团队计划之前，管理者应该认真分析战略，把所有的事项都确认清楚。管理者可以借助“6W2H分析表”对具体情况进行详细分析：

WHY	为何制定这项决策？	□已确认 □不充分 □再确认
WHAT	这项决策的内容是什么？	□已确认 □不充分 □再确认
WHERE	这项决策在何处实施？	□已确认 □不充分 □再确认
WHO	这项决策由谁负责执行？	□已确认 □不充分 □再确认
WHICH	选择哪个战术？	□已确认 □不充分 □再确认
WHEN	何时完成？	□已确认 □不充分 □再确认
HOW	如何执行，用什么方法，有什么方案？	□已确认 □不充分 □再确认
HOW MUCH	这项决策的预算为多少？	□已确认 □不充分 □再确认

今天的计划决不遗留给明天

惰性是人性的弱点之一，假设“休息”和“工作”是天平的两端，相信每个管理者都会本能地选择利于自己的那一端，体现在工作中，就成了大家最不愿去面对也是最亟待解决的问题——拖延。

拖延是计划的大敌，它总是在扮演“拖后腿”的角色，如果拖延成为了习惯，每到计划面前，我们就会本能地想：不着急，还有明天呢，今晚还是好好休息吧！

结果很多事明明在当天可以执行完毕，却也要排到次日，甚至更往后的时日去做。别忘了，明天还有明天的事，等待越多的“明天”，就会浪费更多的“今天”，最终浪费的就是你整个职业生涯，你真的甘愿这样做吗？

在我们主办的一次特训营中，有这样一位特别的学生白尔帆，几乎不管我安排什么额外的任务，他基本都是第一个来向我提交结果的人。

其实，我对大家并没有想象中的那么严格，领导们肯抽空来参加培训也挺不容易，有的企业肯专门腾出一段空白期来留给管理者上课，有的企业时间条件不允许，管理者得一边上课，一边上班，我知道这很辛苦。

而白尔帆就是第二种情况。

因我们的特训营是三天三夜的，在第二天下课后，我叫住了白尔帆，好奇而玩笑地问他：“你是时间之神吗？是什么力量让你总是第一个来提交结果？给你产生这样动力的因素是什么？其实不必把自己搞得太辛苦啊，你要注意休息。”没想到白尔帆说：“老师您多虑了，我可没有您想象中的那么多的动力因素，我只是有日事日清的习惯，在每天晚上休息前一定落实当天的工作，仅此而已。”

白尔帆说得没错，我安排的并非什么难以执行的重任，通常只要按部就班去执行，就可以完成。但很多管理者却总是一拖再拖，所以心灵上的包袱也越来越重，最终导致完不成任务，或者总是最后一个交工。在现实企业中，这样的例子一定不少见。如果我们能像白尔帆一样，或许就不会觉得工作是一项负担了。

拖延只是“特殊情况”，勿把拖延当习惯

习惯不分好坏，一旦养成就会发挥其固有的积极或消极的作用，而且很难戒掉。可想而知，拖延若成了一种习惯，就会不断地拖你的后腿，令你难以热情做事、积极发展。当然，凡事都有特例，拖延也只是时间不允许情况下的一种“特殊情况”，但你只需要将其视为“特殊事件”对待就好，而不是养成拖延的坏习惯。

休息之前先落实工作并不意味着要你成为一个工作狂人

工作完再休息不等于不休息，执行要对自己负责，但基本不需要你做出牺牲，从此放弃休息的时光，做一个工作狂人。心理学研究表明，身心俱疲时的工作效率要低于精神饱满状态下的 3 倍以上，所以，3 个小时能执行完的任务没有必要刻意用 5 个小时完成。之所以强调休息之前先落实工作，其实是在强调一种态度，有了这种态度，你才有可能激情饱满地执行任务，而不是每天盼着下班的时间，恨不得立刻飞奔回家。

在时间允许的情况下，不紧急的事也要立刻处理

一个会工作的管理者通常会把工作分为紧急的事和不紧急的事、重要的事与不重要的事，依次降序排列，按部就班地执行。注意，这并不意味着不紧急的事就可以抱着“不着急”或“不重要”的心态去执行，这样的心态会造成思维上的故意拖延，即明明今天能完成也要拖到明天，只因为任务不紧急。问题是，每件不紧急的事都这么拖下去，这些事件叠加起来同样要耗费你更多的时间和精力去解决，无形中降低了你的工作效率，这也是为什么有的人一天到晚地抱怨时间太少、事情太多了。

所以，只要时间允许，不紧急的事也要立刻处理掉，省下来的时间你就可以用来超越他人。

好计划也要执行官带头执行

执行力在传递的过程中被打折，导致雄心勃勃的计划中途流产；队员执行力不强，即使再好的计划也是镜中花、水中月，最终付诸东流，成为一纸空谈；执行力流失，导致团队在做大以后，许多的政策与策略贯彻不下去，没有办法做强；执行力黑洞，让你即使付诸百倍的心血，最终也难逃收益十之一二的结果；执行力危机，造成团队各个层级之间责任互推，执行进入恶性循环。

执行力跟谁的关系最大？不可否认，一个卓越的领导者是能够解决大部分难题的。一个团队的领导力决定了计划的执行力，反过来，执行力又作为领导力的后续，支撑领导力继续向前。

A公司的人力资源部主管在为学员培训时提到，管理者的领导力与执行力是企业或团队成败的关键因素，但是领导力和执行力这两者的缺乏或是两者之间的不平衡，导致企业或是团队在向前走的时候，就像少了左腿或是右腿一样。如何提升企业或是团队的领导力与执行力是一门很难的课程，也是摆在每个管理者面前非常重要的一项任务，如果企业或是团队不能达到这样的一个平衡，就很难跨越职业化管理阶段。

在最初的时候，部分企业或是团队借鉴西方的管理模式，来解决自身管理过程中出现的问题，改变自身管理的现状，但是在经过一段时间的磨合以后，发现西方的管理经也有不灵的时候。可是作为管理者却不从自己身上找原因，将磨合不下来的原因归咎于所遵循的管理模式落伍，因为管理模式跟不上时代的发展所以“不灵”，于是又开始寻找其他更合适的方式。所谓的管理经是念了一本又一本，但是最终还是没能解决自己遇到的问题，管理的水平没有得到应有的提高，管理的产出比也没有达到预期的效果。

其实，我们中国不缺少管理方式，也不是我们的管理方式就赶不上西方的“神效”，而是缺乏能够运用这些方法的素养，找不到执行这些方案的领导者。说到最后，企业或是管理者，需要寻找的是具有坚强领导力和执行力的领导者来运用这些管理方法。也正因如此，如何提升企业领导者的这些素养和执行能力，则被提上了日程。

企业要做大需要有正确的战略，而要做强则需要有很好的执行力。也就是说一个是为集体指明方向，一个是让方法落到实处。再好的战略没有好的执行力，也就成了“临渊慕鱼”，集体在用战略攻取胜利果实的时候，还要用执行力去打造无坚不摧的竞争力。所以只有执行到位，才能够应对多变的市场环境，为集体赢得先机。

能够有战略目标，能够打造高效团队执行力的领头人，才能带领一个集体长盛不衰。这就要求领头人跟队员之间有密切的配合，即使你有再好的战略，不能把你周围的队员凝聚在一起，不能将战略很好执行，也就是不能很好落实，那么这样的团队就不是一个无坚不摧的团队。

战略从何而来？执行力如何打造？

认真带头执行计划

一个卓越的领导者，其管理方式是一门艺术，他能够高效履行自己的职责，作出的每一个决定都是经过几番讨论，结合众队员的意见和建议，一旦决定计划，就要认真带头执行；一个卓越的领导者能够倾听下级的意见，把自己的身份放低，融入到集体中间；一个卓越的领导者能够提供给队员足够的发展空间并在自己队员困惑迷茫的时候，给他们有效的帮助，为自己的团队增光添彩，打造一个和谐的合作氛围，关注过程与成果，强化执行并能从自身做起，尊重每个人的思维与处世方式。这样的领导者能够以自己的魅力征服队员，让队员对你产生信任感，使他们跟随你的脚步，去为这个集体努力，这样的团队才能不断壮大。

强化管理者的诚信与责任感

真正有意义的能帮到一个领导者的是其在带领团队的过程中表现出来的诚信，它来自于其平时所做的事情，尤其需要指出的是，这些“所做的事情”是指正确的事情，而不是对自己有利的事情。当他的追随者看到自己的领导为了更有效地领导他们去完成某项任务而以大局为重的时候，这种责任感可以强化他的诚信。领导者的诚信可以强化队员对他的信任感，其领头人的作用才能真正建立起来。

把握机会，推动执行计划进程

当你考试没考出好成绩时，你告诉老师，我今后一定好好学习，下一次一定可以考好；当你没有找到理想的工作时，你告诉自己，没关系，还有下一次；当你没有完成工作时，你告诉老板，请再给我一次机会，下一次我一定可以做好……当你垂垂老矣的时候，你再也没有下一次了，你是否会安慰自己，如果有下辈子，我一定好好活，活出自己的精彩来。

机会不是免费的午餐，不是招之即来、挥之即去的出租车想要多少有多少，机会不会随随便便出现在你的面前。当机会出现的时候，如果没有抓住，那便是错过了。机会没有下一次，没有重来，所以在工作中，不要奢望"下一次"，要懂得把握现在，学会做执行计划的推动者。

在一个团队中，要想处处领先确实不是一件容易的事，有时候稍一疏忽就会变成团队里面打狼的那个人。在别人埋头苦干的时候，你在埋头苦干；在别人享受休息的时候，你仍在埋头苦干。虽然你比别人累，比别人显得更努力，但拿到的薪水却比别人少，为什么呢？原因就是很多一次可以做好的事情，你都没有执行到位，在你反复修改反复执行期间，别人早已做了比你多很多倍的事情。

下一次我一定要做好，下一次我一定要比他们拿的薪水多，你把太多的希望寄托在了下一次，然而在下一次机会真正来临的时候你是不是能够抓住呢？如果一直告诉自己下一次还有机会，在执行的时候就不会全力以赴，就不会把事情做到极致。很多事情都可以一步到位，"下一次"的心态使你退到了团队的最后面，成为一个不折不扣的"打狼人"。

白先生是一个大腹便便的中年商人，为人热情、心胸豁达，是一个很好相处的人。有一次，我们碰巧在同一个地方吃饭就聊了起来。说起他的几个得意员工，他的脸上都笑开了花。他告诉我王萌现在已经升主管了，杨金玲、范彬彬等也都成为相关业务部门的管理者，并很快又要升官了。那几个管理者我都见过，我去年给他们公司做培训时，他们就已经有"领头羊”的风范了。

我做培训有一个爱好，就是时不时留点家庭作业，这也是为了检查学员们的学习情况，对企业负责的一种做法。第一天留作业的时候，我只是告诉他们写出今天上课你都学到了什么。第二天，交过来的作业质量参差不齐。其中，范彬彬的作业写得最好，不仅把本课所讲内容记得清清楚楚，还在后面联系实际写了自己的感悟，洋洋洒洒三千多字，让我很受感动。而冯耀书的作业却让我很生气，他所写的内容和我所讲的内容完全不相符，寥寥三百多字就交差了。我把范彬彬的作业当作范文让大家都学习一下，还把它交给冯耀书，让他向范彬彬学习并重写，他也向我保证下一次一定能够写好。第二次学员们的作业质量确实提高了很多，有十几个学员的作业都做得很不错，第一次大家不知道怎么写，有范彬彬的作业一示范，大家有了榜样，写起来确实比以前好了很多。但最差的作业仍然是冯耀书的，他确实把本课的内容写下来了，但一点感想儿也没有，其实，我也知道，即使他把本课的内容写出来了，也是从别人笔记中抄的，因为他上课根本就没有认真听过。

中午的时候，我把他单独叫出去谈话，他说：“老师，放心吧，下一次我一定会做好的！”三天培训结束了，我也该离开了，在最后的时候我告诉大家不要把希望寄托在下一次，做作业可以有下一次，但是在工作中不会有下一次机会，也不知道冯耀书听没听进去。不过，从以后的作业中可以看出来，仍然没有起到什么作用。

后来，我和白先生聊到了冯耀书，他摇摇头表示想不起来，我提醒了他一下，他还是没有想起来，聊了一会儿，他才拍着脑袋说：“冯耀书早被开除了，在工作中总是出错，批评他时，看他态度诚恳一直保证下一次一定好好做，就会再给他一次机会，谁想到他还是会搞砸。有一次，差点因为他的小失误给公司造成大损失，所以就把他开除了。”

企业的目的是盈利，老板在落实一项工作时，都会对管理者提出一定的要求，如果管理者不能达到老板的要求就不能算完成了任务，执行不到位，企业的利益就难以达到最大化，这样的执行就是失败的执行。员工一时的失误可能会得到老板的理解，再给你一次机会，但是客户会给老板下一次机会吗？可能就因为你这一次没有全力以赴使企业没有了下一次机会，试想一下，如果你是老板，遇到这样的员工你会给他下一次机会吗？

把希望寄托于“下一次”，没有了执行力，无论是个人还是企业都无法生存。任何一个企业需要的都是计划的推动者而不是拖后腿的“打狼人”。

那么，怎么才能做企业计划的推动者而不是“打狼人”，要注意以下几点：

管理者不要把计划寄托于“下一次”

执行就在当下，全力以赴执行当下的任务是关键。可能老板在执行前不会明确告诉管理者他需要一个怎样的结果，但是任何一个老板都会希望管理者带领员工100%执行，把任务做到极致。如果不能在第一次就将老板交代的任务执行到位，而是向老板保证“下一次”我会努力去做的，下一次我会把任务执行到位的，下一次我一定可以做好的，老板看你态度诚恳可能还会给你一次机会，但是如果你总是执行不到位，总是把希望寄托到下一次，老板还会相信你吗？还会给你下一次机会吗？

不要让“下一次”成为管理者的执行习惯

如果在最初执行时管理者就告诉自己一定要执行到位，不会有下一次了，不让自己有后退的机会，每次执行的时候都能这样提醒，慢慢就会形成一次执行到位的习惯。如果总是把“下一次”挂在嘴边，养成“下一次”的执行习惯就真的永远没有“下一次”了。

不要试图为执行计划寻找借口

计划不打折，就要做到百分百执行，无论执行结果怎样都不要试图为自己找借口。老板给管理者安排任务是工作所需，如果自己分配到的任务更重、更难执行也不是在故意刁难你，而是给了你更大的机会。如果在工作开始之初就想好完不成任务可以怎样开脱，那永远不会执行到位，不要试图为自己找借口，要像军人一样，没有借口，没有理由，有条件要完成，没有条件创造条件也要完成。

需要计划的不只是现在，还有未来

计划是一个企业在事业发展过程中的战略设想和安排。现在市场环境每时每刻都在不断发展变化之中，很难准确预测到市场的发展方向。作为一个企业管理者，能够把握好自己团队的方向已经实属不易，更别提对竞争对手的全面了解与把握了。所以，一个管理者在做计划时，不要总想着企业的未来应该是什么样子，总是在未来上面做文章。要想做好计划，需要一步一步稳扎稳打，在做好现在的同时再做好未来的计划。

可口可乐是“美国的代表”，在碳酸饮料界一直占据行业的龙头位置，拥有绝对的优势。而百事可乐刚开始因为无法与可口可乐竞争曾三次上门请求可口可乐收购，但是都被拒绝了。后来，在20世纪60年代百事可乐找到了一个突破口，作为后起之秀开始与可口可乐相抗衡。至此几十年间，两家饮料生产厂家的“战争”从未停止过。现在，可口可乐公司与百事可乐公司是世界上两家最为著名的碳酸饮料生产厂家。可口可乐失去了原有的绝对优势地位。

是什么让百事可乐能够追平可口可乐，与之相抗衡呢？原来，百事可乐给了自己一个非常独特的定位——“创新、年轻、富有活力”。这样无形之中，可口可乐就被打上了“传统、保守、老旧、老土”的标签。百事可乐凭借这一全新的定位得到了年轻一代的追捧。

百事可乐的这一举动，使可口可乐受到了很大的冲击，为了重新夺回市场、赢回客户的心，可口可乐公司耗资400万美元，于1985年修改了沿用上百年的传统配方，推出了新可口可乐，并停止出售传统可口可乐，但是正是这一举动使可口可乐公司陷入了更大的危机。因为传统可口可乐一直深受美国民众的喜爱，被当做美国精神的象征，推出新可口可乐并停止销售传统可口可乐这一举动无疑伤害了美国民众的心，那些老顾客对可口可乐的忠诚与情感就被这一举动摧毁了。这个事件甚至还引起了消费者的游行抗议，人们纷纷要求可口可乐公司更换新配方，沿用老配方。这时百事可乐也针锋相对推出了“既是好配方，为何要改变”的广告，使可口可乐陷入一个异常尴尬的境地。

虽然后来可口可乐公司在巨大的压力下恢复了老配方，但是因为这一举措，也从此失去了龙头地位，成为与百事可乐并行的碳酸饮料生产商。

可口可乐公司想要夺回原来的市场，认为百事可乐既然可以引领年轻一代的思想，作为可乐霸主的它应该更能适应年轻一代的需求，只想到未来的美好前景，而没有根据实际情况进行计划，丢掉了现在的优势。既没有计划好未来，也没有计划好现在。

可口可乐的教训告诉我们：在还没有计划好现在的时候，千万不要丢下现在，去畅想未来。一个企业想要赢得市场、赢得客户，在计划未来的时候也要计划好现在。

那么，怎样才能计划好未来又计划好现在呢？

当计划不符合现实的时候该放弃时要放弃

舍得舍得，有舍才有得。管理者在做计划的时候不仅要善于做加法，更要学会做减法，要懂得放弃。当企业的未来计划与现实不符或者随着社会的发展，企业的目标已经不再合适时，即使这个计划非常完美，也要舍得放弃。

作为管理者，带着自己的员工和企业前进并不是特别困难的事情，但是在放弃的时候往往并不是那么容易，已经上手的工作、已经投入了很多的项目，就这么半路丢弃谁都舍不得。但是管理者要有睿智的判断和超凡的勇气，该放手时就放手。这样才能有效控制企业风险，使企业走向健康的发展之路。

要立足现实，立足现在

任何战略决策都要一步步经营，不可能一蹴而就。作为企业的管理者，在为企业做计划的时候，要立足现实、立足现在，对现在的情况要了解清楚。如果管理者只关注未来，而不关心现在的话，未来的目标不免会脱离实际，过于冒进。所以，管理者在做计划的时候要先计划好现在，经营好现在，再去计划未来。

实战案例：某公司职员的定期执行计划

孙雯娜是某公司为数不多的优秀管理者，因为比其他员工更能冷静地对待自己的现在和将来，让老板感到非常欣慰。

老板和孙雯娜的相处更像是朋友。有一次老板到她家做客发现她正对着一面墙壁上的一张白纸写写画画，便好奇地问："你在干什么？"孙雯娜笑着回答："我对自己现在的执行力不是很满意，您看，我把在公司工作几个月以来您对我在执行方面的评价通通列出来了。我发现，自己要提升的地方还太多，想据此规划一下未来的执行方向。"听到这些，老板觉得一个人能够冷眼看现状已经很不容易了，还能由此想到未来的执行方向，欣慰地说："很好！其实，关于执行方向的内容我在几年前曾提到过，只不过那时你还没有来公司。你自己能主动想到这些，真替你开心！"

执行力的提升应该是所有管理者的毕生事业，人们没有理由把它当成一次性餐盒，使用一次之后便丢进垃圾桶，那样它就会失去了真正的价值。只有定期制定执行计划，才能清晰现状，明确未来方向。

STEP4 宣布执行战略：推动执行落地的动力管道

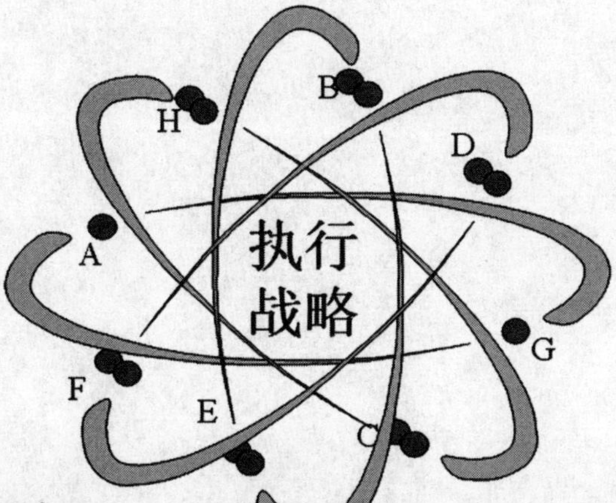

有战略，
执行才不会手忙脚乱

吹响战略总动员的号角

很多企业在发展之初，条件、各方面能力都差不多，并且采取的发展战略几乎 80% 雷同，最终结果却相差甚远，有的企业折戟沉沙，有的企业大获成功，究竟原因何在？差别就在于那 20% 的差异化的战略定位，与 100% 的执行实施。

先来看几则公司发展案例。

A 公司在发展中期一度面临战略转型，当时，管理者借鉴了 B 公司的发展策略，还重金聘请了 B 公司的财务总监到 A 公司担任 CEO，但经过一段时间的发展，A 公司发现虽然战略相同，绩效却相去甚远。原来，由于 A 公司的保障措施不如 B 公司，造成执行环节脱节，导致转型失败。再看另一家 C 公司，大街小巷上的便利商店中，只有 C 公司的顾客络绎不绝。可以说，每个行业中的企业，发展战略肯定有相似之处，但绩效却大不相同，造成巨大差距的关键环节就在于执行。

例如，C 公司虽然战略可靠，但同期业绩依然比对手少了一个百分点，这样的业绩和其净利润相比虽然可观，但和对手比却相去甚远。这引起了 C 公司管理者的高度重视，他们发现，战略部署已经很完美，但到了中间的执行环节则漏洞百出。为此，C 公司开始整顿发货仓库，并建立全国卫星联网的管理资讯系统，以随时管理员工的执行情况。这些看似平淡无奇的执行管理方略终于收到成效，使 C 公司一举成为全球最大的零售企业。

其总裁骄傲地说："在过去发展的几十年里，没有任何一家公司能成为我们的对手，我们也不怕任何一家公司模仿我们的战略，因为这完全不起任何作用！"换句话说，C公司之所以能够取胜，并不是因为战略，而是以其特有的执行力建立起了持续的竞争优势，培育了C公司作为世界第一零售商的核心能力。

D公司对执行力的见解和把控也极其内行，在执行战略层面上拥有独到的眼界。D公司运用的接单生产和直销模式并非只是一种单纯的营销方法，而是执行策略的核心要素所在。虽然有很多大型电脑公司在员工数量和企业规模上远远超过D公司好几倍，但D公司在几年前就已经超前，关键在于它的执行力，这也正是它逐步取代各大电脑公司，一跃成为"全球最大的个人电脑制造商"的原因所在。

据悉，D公司在执行战略时有一个独特的管理模式，即让所有执行者（员工）感到自己肩负的使命，这样就会为自己的执行结果负责，创造卓越价值。那么，D公司的管理者具体是怎么做的呢？

管理者安排任务时，会直接把一件事情的原委告知员工，使其更有责任感

管理者经过调查后发现，不少员工之所以会缺乏工作使命感，原因在于他们还不明白"要由我来做这份工作"，也不知道"我应该做到什么样"。这样来看，有些时候，员工业绩不突出并不是他们的错。目标的不明确，往往是管理者在安排任务时表达不清，导致员工不能明确自己的工作目的和任务的执行标准。这种情况下，员工只能"想当然"、"自以为是"地执行命令，其工作绩效难免会和管理者的预期效果相差甚远。所以，当管

理者要安排工作任务的时候，就应该注意说明“这样安排的理由”、“安排任务给员工的原因”、“要达到什么样的效果和目的”、“这样做有怎样的意义”，有了明确的目标，员工的使命感才会油然而生。

管理者在执行过程中灵活对待已经制定的战略，必要时可以作出改变

死心眼的人是做不成大事的。有些管理者习惯于下达死命令，说出的话俨然金口玉言，无论实际情况如何都不会作出改变。在这样的命令下，员工也只能死板地执行命令，丝毫不懂变通。

还有一些管理者过于细致，将任务布置得过于繁杂，毫无重点可言，以至于下达命令后，员工丈二和尚摸不着头脑，不明白应该做什么，也不知道从何处着手。

除此之外，很多管理者都是急性子，习惯在安排工作的时候催促员工“快去做”、“差不多得了”，我们在培训界都称之为“差不多”先生或“差不多”小姐。这些“差不多”先生（小姐）的态度无形中给员工一种暗示，那就是工作差不多就行，赶快做完就算成功，反正上司也不在乎结果，“差不多”就可以。

当企业发展速度越来越快，需要不断扩张时，更要考虑到企业的发展寿命，除了管理者需要捕捉赚取更高利润的机会，不断制定更科学、更好的战略，还要使员工拥有实施这一战略的执行能力，这才是企业发展和生存的关键。

正式宣布战略前的有效沟通

沟通是人与人之间战略思想和信息的交换，是将战略信息由一个人传达给另一个人，并逐渐广泛传播的过程。沟通是一切管理手段的载体，同时也是制定战略的基础。

有些管理者发现，战略任务布置之后，虽然员工很认真去做，但完成的结果和领导所预期的目的相差甚远。这时，管理者往往会很生气地批评员工没有执行力；而员工又觉得相当委屈，因为他们确实做得很认真。那么为什么没有达到预期的目的呢？其实最大的问题是沟通不畅。

有效的管理基于有效的沟通，如果管理者只是把任务下达给员工，并没有进行必要的沟通，一旦员工没有正确理解管理者的意图或者在传达的过程中有什么疏漏，那么执行势必不会到位，轻则延缓执行的进程，重则可能会导致策略执行的失败。

我们服务过的一家机械制造公司，董事长的战略思维非常超前，在2003年收购了一家快要倒闭的国有机械制造厂。当时他的几个朋友都劝他好好考虑一下，因为就机械企业而言，大多都会面临作业环境复杂、作业量大、工作人员多且层次划分乱、任务传达总不到位等一些状况。但是，在董事长的英明决策与高层管理团队一年多的精心经营下，该企业走上正轨，实现盈利，还组建了集团公司。

原来，董事长要求管理团队注意沟通，实行了“一分钟沟通，三分钟布置”的安全预控管理方法。他要求所有的管理者在工前会上与所有作业环节的操作人员进行沟通，将当天的工作环境、作业货种、生产流程等情况一一向操作人员介绍清楚，对注意事项和安全防范这类的工作更是天天提醒、时时强调。通过这样一个程序，不仅员工能够明白“到底应该怎么做”、“为什么这样做”，也会使管理者及时了解员工的需求和工作环节上的人员匹配问题，而且还运用早会把上班的工作问题进行总结，当班的工作提前计划到位，再进行检查，把 PDCA 循环管理运用得非常成功。

正是因为公司实行了“一分钟沟通，三分钟布置”的管理手段，使沟通顺畅，达到了沟通的目的，增强了管理者与员工之间的了解，营造出温馨、文明的安全生产氛围，解决了企业执行力不到位的情况。

沟通不畅是企业的通病，企业越大、机构越复杂，沟通起来越困难。高层制定的战略决策很难在第一时间传达给每一个基层人员，甚至在传达过程中会因为层层管理者的理解偏差致使高层决策无法以原貌呈现在基层人员面前，而基层人员对公司所提出的许多建设性的意见还没有传达到高层决策者之前就已经被扼杀。既然建立通畅的沟通渠道是一个企业发展壮大的基本条件，那么该如何建立呢？

让员工及时对沟通行为作出反馈

在管理者给员工布置完任务后，一般情况下员工会接受任务并按照自己认为对的理解去行事，但是沟通的最大障碍就是员工无法准确理解管理者的意图。为了减少这种情况的发生，管理者在布置完任务之后，应该让员工把工作任务用自己的理解重新说一遍。如果员工的理解是正确的，那管理者就可以放心把事情交给他做，如果员工的理解与管理者的要求有偏差，一定要及时纠正。这就要求管理者对任务的理解要透彻，传达任务时思路要清晰，并且要看着员工去说，了解他们是否真正明白了工作任务。

管理者在沟通时也要注意倾听

沟通是一种双向行为，只有双方都积极投入交流之中才能产生有效的沟通。倾听可以帮助双方人员在沟通中获知信息，所以，无论是哪一方都应该认真倾听。

在沟通时，管理者应该积极倾听，把自己放到对方的立场上去考虑问题，以便更容易理解他人的意图。同时，在他人说到不同于自己的意见时千万不要贸然打断，也不要急于表达自己的观点，因为这样往往会使你遗漏掉一些重要的信息，应该听完他人的叙述，对整体有一个客观、理性的分析之后再表达自己的意见。

要控制好自己的情绪，保持清醒理智的头脑

在接受信息时，情绪会对接受者分析、理解信息产生一定的影响，强烈的情绪反应会导致人们无法进行客观、理性的思维活动，所以在沟通时，管理者一定要注意自己的语气和表情，不要跟着感觉走。在沟通时，如果出现了情绪失控的现象，要暂时停止沟通，待情绪平复之后再行沟通。

有效沟通是管理工作的基本内容。在价值取向多元化的今天，有效沟通既可以增强管理者的管理能力，又可以提高员工的工作效率，是提高企业执行力、实现企业盈利的重要条件。所以，在企业中必须建立通畅的沟通渠道，让通畅成为沟通的主题。

英特尔公司的前CEO安迪·格鲁夫说："领导企业成功的方法是沟通、沟通、再沟通。"没有沟通就没有成功的团队，沟通不管是在生活中还是在工作中都起着越来越重要的作用。沟通可以使信息传递的更加迅速快捷，可以使企业上下级之间、各部门之间的相处更加和谐融洽，在执行力中起

着桥梁和纽带的作用。

企业内部良好的沟通文化让员工能够自由抒发自己的感情、发表自己的言论，使员工的心情愉悦，工作效率大幅提高；使管理者能够真正深入到企业员工中去，发现企业的优点和发展过程中的隐患，促使他们改进工作方法、优化工作流程、完善工作制度，更好地去管理企业。

管理者是企业的愿景设计师，员工是打造这个愿景的基础。良好的沟通可以把管理者设定的企业愿景转化为所有员工的共同愿景。虽然企业的利益和员工的利益存在一定矛盾，但更多的是一种互利共赢的关系，管理者要想使企业的愿景转化为所有员工的愿景，前提是保障员工可以从中得到某种需求的满足。

沟通有两个最本质的目的，第一个是将自己的知识、经验、意见及要求告诉接受者，从而达到影响接受者的思想和态度的目的；第二个是表达自己的情感，使接受者同情、支持或谅解自己，从而达到改善两者关系的目的。

之所以要进行沟通是因为：

沟通是执行力的桥梁和纽带的具体表现体现在良好人际关系的构建和良好组织氛围的营造上。

良好的沟通可以使人换位思考，想别人之所想，感别人之所思。由于人与人的性格不同，在工作中难免会产生摩擦，要想化解矛盾、建立良好的人际关系就必须具有良好的沟通能力。充分有效的沟通使企业的上下级之间相处得和谐融洽，执行力自然会提高。

沟通是执行力的桥梁和纽带还体现在沟通能够使高层和基层人员协调有效、目的明确的展开工作。在实际工作过程中，不管是领导指示、传递信息，还是工作任务和工作目标的下达等都是通过沟通来实现的。只有通过沟通，达成共识之后，才能使工作不折不扣地执行下去。而领导要想使决策更加准确合理也需要和基层员工进行充分沟通，听取他们的意见和建议。

根据不同的沟通人群，选择不同的语言

人与人之间是有差别的，即使工作环境相同，也会因为教育和文化背景等因素的影响，使他们对相同的内容产生不同的理解。所以，管理者千万不要认为一个员工理解了，其他员工就不会有任何问题，在分配任务时应该根据员工的不同，选择不同的语言来进行沟通，以便让信息更加清楚明确地传达下去。

保持学习力，战略不是喊口号

制定执行战略过程中，管理者绝不可忽视学习力的投入，学习是保持企业发展、革新、融合的灵魂，在目前高度信息集中化的经济环境下，学习型企业仍然是领军企业的方向标。永远保持学习力是管理者必须具备的基本理念，是企业竞争的根本，是产品革新不可忽视的流程。

我的学员之一杨得高前不久刚从美国硅谷考察回来，通过交流得知硅谷之所以被称为高新科技产业园区的鼻祖，是因为学习创新长久以来一直被当地人放在首要的位置。就拿当地一家名不见经传的计算机公司

来说，规模不大，没有国内恢弘的科技大楼，没有数以千计的服务工作人员，公司坐岗上班的只有不到50人，其中百分之八十的人都是研究型人员，教授、博士、金融家占首位。看起来拥有如此强大人才规模的公司，也要组织每月的行业信息交流会议。杨得高说，硅谷是个走在世界尖端的领域，人才济济，拥有知识密集的研究院和大学，各家公司的科技人员经常会聚集到一起切磋技艺、交流想法，为的就是让不同思维间碰撞出新火花，每次交流会都是一次机遇，更是公司更新思想、学习进步的重要途径。

当代社会科技日新月异，知识更新速度翻番，一次性学习，终身受益的时代已经结束，这也让许多企业暴露出致命的弱点——信息落后、技术设施陈旧。在新经济的大趋势下，不思进取的传统行业正在被无情地“洗牌”，不得不眼睁睁看着企业像侏罗纪恐龙一样从称霸走向毁灭。学习是管理者生命力的象征，顺应时代需求就必须时刻在学习中成长，管理者意识不到学习重要性的企业，注定会被时代所淘汰。

21世纪成功的企业是学习型企业，不仅会让全体员工将学习作为工作重要部分，还会将企业生命力、竞争力、活跃力，直至整体业绩拔高到前所未有的高度。

21世纪，同行业的竞争更趋激烈，垄断型企业将逐步退出历史舞台。要在如此白热化的形势下占有一席之地，管理者必须要有灵活性，从思维线性化转变为多维化，组织工作人员进修学习，让他们在进步中体会工作给个人带来的价值体现，这同样会反作用于工作投入中。而多维化的基础更离不开自我超越，完善个人的需要。事实证明，企业一旦行进思维有了全新正确性转变，整个企业营销模式、思维线路、精神面貌等都会在原基础上有质的飞跃。这要求企业以最短最快的速度，整合内外信息知识，为己所用；管理者提高个人自身能力，做一个优秀的领头人；组织完善团队学习计划，从个人完善提高，迈向总体水平上升；内部准备妥善，将积蓄能量转化为产量，以符合市场需要为基点开展生产流程。

在企业具有领头羊地位的管理者保持学习进步对整个企业有重要意义，因此，管理者在保持学习心时要注意五项原则：

多想多思考

以市场为导向是企业的方向，拿到销售成绩是每个企业都想要的结果。大量精力投入在市场上，必然会影响员工进步学习，毕竟每个人每天只有24小时，不能兼顾太多事情。如何克服此类现实问题？只能多想多思考。在学习型企业中，随时随地都是进步，而进步的前提就是多思考，在市场营销工作中，有成功就有失败，在成功时不要被喜悦冲昏头脑，想一想为什么这次成功了；在失败时也不要心灰意冷，再想想为什么失败。销售业绩重要、结果重要，但思考业绩和结果的根源更重要。

将学习看作战略化抉择

这是管理者学习的首要原则。这时的学习不再是上学时单纯的学习，而是事关企业经营成败的关键，所以说要将它看作战略问题。

很多管理者意识到学习的重要，但实施起来却成为口号性行动，既不能调动起员工学习的积极性，又给员工灌输了纸上谈兵的错误思想，对企业百害而无一利。对于一家规模庞大的企业来说，上下齐心进步并非易事，因此管理者必须各个击破，以整体战略眼光长期贯彻学习理念。

给员工现实的愿景

学习时采用正确的方法，就能有所进步，并带来成功，但这个成功很有可能是短期的。期望获得更大成功，就要持续学习。有时员工的目光并不长远，大成功对他们来说遥不可及，所以管理者就要发挥领导力量，让员工能在一定时期内实现美好愿景。

当通过努力学习，愿景得以实现，员工就会体会到个人的存在感和价值感，这种积极情绪会反作用于企业，实现良性循环。

建立学习氛围

如果一个人习惯问为什么，就说明这个人具有学习思维。学习思维的建立不在一时一刻，而是长久累积下来的结果。当一个团队有学习氛围，就会加速其成员的思考、学习和进步。要让员工多思考、多问几个为什么，当所有人都在问自己为什么的时候，学习氛围就建立起来了。

有决心，更要有方法

当管理成为一种控制员工的手段时，管理者很难将学习看成管理方法。当管理者下定决心要把企业搞好搞活时，方法不对也要功亏一篑。所以，要想事业一帆风顺，就要学习正确科学的管理方法，一个拥有知识的管理者更能得到下属的信任，信任感增加，管理才能畅通无阻。

不放过小事，保证战略执行畅通无阻

据心理学家调查发现，现在80%以上的职场人都有浮躁心理，这种心理伴随在工作中就会使人变得盲目、急功近利、急于求成，导致他们懒得去做细枝末节的工作，一心想做“大事业”。并非只有做大事才能显示出你的胸襟和气魄，拒绝浮躁，从不起眼的小事开始执行，通往成功的道路才会走得更踏实。

焦玉鑫是某知名航空公司头等舱的主管，她一向是公司里的“执行达人”。随着经济危机在全球蔓延，她所在的航空公司也不得不做出裁员的决定。为了保证公平性，公司决定展开一场类似面试的考核，全体人员都要参加。

自从这件事在公司传开，很多员工本已懈怠的神经立刻紧绷起来。说到空姐的工作，谁不羡慕？谁又想成为被辞退的一员？为了不被裁掉，焦玉鑫也主动自发地组织姐妹们展开业务培训。于是，她凭借多年的经验，整理了一份专业知识手册，为了不让所有同事掉队，她还人手发一本。除了每天正常的工作外，只要一有空，员工们就拿出小册子来温习。

很快就到了公司考核的那一天，焦玉鑫一向很自信，这次也不例外，在考核正式开始前，她还安慰姐妹们不要紧张，一定可以顺利过关。但没想到的事发生了……

焦玉鑫是第一个进去接受考核，也是第一个通关失败的人。这让后面入场的员工无不紧张得满头大汗。说来也很奇怪，无论是哪一方面的知识，焦玉鑫都毫无问题，英语也过了专业八级，为何还会失败呢？后来，焦玉鑫组的姐妹们也一个个毫无例外地经历了失败。这到底是为什么呢？

评委的解释很简单，给焦玉鑫这个组的评价是：“你们的专业知识都OK！但我可以告诉你们，我们公司所有的空姐专业知识都很OK！那我考核的是什么呢？首先，当我跟你们对话的时候，没有一个人对我微笑，所以我不相信你们也会对自己的乘客微笑。其次，我杯子里的水喝光了，我起身去倒水，你们没有一个人主动来服务我，所以我也不相信你们会主动服务乘客。最后，我随手往地上扔了一个纸团，你们竟然没有一个人发现并制止我的行为，就是这样！”评委的一席话早已让焦玉鑫及其团队羞红了脸。

最终，焦玉鑫决定自动辞退主管的工作，并向上级求情，希望留下其他同事，因为她觉得是自己害了大家。她这样说：“其实，这都是我的错，我以为只要我们的专业知识过关就行了，却忽视了这最重要的细节工作，对不起，都是我的错！”但在这个节骨眼儿上，承认错误又有什么用呢，早知今日，何必当初？

显然，焦玉鑫的管理方针违背了公司的发展战略，在竞争激烈的职场中，当所有人的能力和优势都相差无几时，拼的就不单单是个人工作能力，更多的是工作的态度。

而在所有的职场法则中，“细节决定成败”这一条既是最重要的，也是早已广为人知的，然而，最终能够坚持并做到的又有几个人呢？

故事讲到这里已经告一段落，虽然结局让人有些无奈，但这的确是职场里残酷的现实。所以，管理者的心细，不但要体现在日常与专业知识相关的工作中，更要体现在平凡的小细节里，当你放弃了细节时，也放弃了成功的机会。

用小事积蓄力量，树立自己的口碑，别把细节不当回事儿

管理者的积累和回报是成正比的，当你执行的小事积累到一定数量，就会引起质变，你就拥有了做大事的潜力，其他方面的能力也会突飞猛进。与其把手边不起眼的工作看成是小事，不如把它当成积蓄力量的机会。肯主动去做小事的人其实是聪明的，一方面他们能讨好老板和同事说“这点小事就让我来吧”，一方面又能磨练自己，结果既完成了工作也树立了自己的口碑，可谓“一箭双雕”。

此外，管理者还要做到内外兼顾，别把细节不当回事。有的管理者总是做足了专业内的功课，把自己的部门训练成一点就能输出的电脑机器，唯独对细节不当回事。对待大事认真，对待小事总是敷衍。这样的管理者永远只能单纯地接受命令，并分配下属做事，但却很少做出业绩。因为他们完全不会考虑到细节，将小事做细，并从中找到灵感和机会，也因此总是与成功无缘。

平静接受被分到的小事，不要怨怼而是等待时机

在企业内部，分为有能力和能力相对较差的两种管理者。通过平时的执行结果，在老板心目中，早已把管理者分成了三六九等，所以老板在安排任务时自然就会考虑到个人能力，而那些能力相对较差的管理者很容易被分到一些看起来不太重要的琐碎小事。这时有的人不能平静地接受这样的安排，认为这是对自己不公平，老板只当自己是“打杂的”，甚至，在有些人眼里，认为老板总是让自己做小事，而不给自己派大任务，就会觉得老板不欣赏自己。其实不然，老板是在给你一步步提升的机会，所以你无须怨怼。管理者在一个职位上的发展道路是漫长的，没有人能一个月内

就实现几连跳，也不是所有成功人士的能力在早期就会被发现。我们无法操纵环境等其他条件的限制，但我们却可以操纵自己的心，给自己一种不抱怨的活法，等待合适的时机让自己崛起。

细节应从点滴小事做起

就像故事中那位评委的观点，如果一个空姐不对客人微笑，不帮客人倒水，看到垃圾置之不理——连最基本的服务工作都做不好，专业知识100分有什么用？难道客人花钱是为了买你的知识而非服务吗？世界最伟大的建筑师之一密斯·凡·德罗曾这样概括自己取得成功的原因“魔鬼在细节”。在他看来，即使一个方案设计得再气势恢宏，但如果细节做不到位，那也不是一件好作品。

老板必须要以企业利益为重，不可能把你做不来的事情分配给你。所以，管理者如果想提升在老板心目中的形象，就平静地接受这些小事吧，并用心把它们做好，老板总会看到你优秀的表现。

制定战略的人要以身作则

在企业制定战略之后，管理者需要以身作则，才能在带领队伍方面收到良好成效。

一声令下，就让全体人员朝着一个方向前进的力量不是谁都能拥有的，而没有跟随者的管理者的确悲哀，只是一个外表光鲜的空壳，谁也不愿意做这样的管理者。追随者是水，管理者是舟，是追随者成就了管理者，管理者的一举一动都是员工眼中的焦点，是员工效仿、处事的标杆。因此管理者的个人修养、是否遵守制定战略对员工来说都是非常重要的企业执行力影响。

联想在柳传志的带领下发展壮大，成为无人不晓的中国电子品牌。究竟他有何等人格魅力，使联想在团结中稳步发展成如今坐拥上百亿元资产的企业？

据我所知，联想在发展过程中，有着这样的战略规定：有二十人以上开会，与会人员迟到需罚站一分钟。这一分钟不是站站就过去，而是非常严肃，具有精神压力的一分钟。第一个被此制定战略惩罚的是柳传志的老上司，但规则下人人平等，柳传志向老上司说明："今天你在这儿站一分钟，下班我去你家也站一分钟。"在老上司站立的一分钟时间里，不仅老上司紧张得不得了，柳传志也紧张得浑身冒汗。

这个规定柳传志自己违反过三次，也同样受到处罚。

遵守规定，以身作则是成为令员工追随最基本的要求。在做培训的这么多年中，凡是规则我必定认真遵守，为的就是做一个有人格、能够令他人信服的人。像柳传志这样的领帅，成就联想今日的地位也是有迹可循的，那就是以身作则、自觉遵守规则战略。

那么管理者如何才能做到以身作则呢？

讲诚信，重信用

一切商业都以诚信为本，管理者也一样。管理者就像一个豪华商品，即使豪华也有定价，"虚高销售"毫无诚信，绝不会有人购买。

作为管理者必须有自律精神，将个人德行作为员工依赖信任的基础。成熟的管理者知道，对自我要求的高度要远远高于他人，因为是领军人物，所以要求更高。高要求需要高度自律性，不然就不能以德服人，无法取得员工的敬佩和信任。管理者要适时地站在客观角度想问题，经常问问自己，这样处理放到他人身上合理吗？这种同理心能紧紧将手下的心抓牢。时刻只看到自己，以个人感觉为做事出发点的人，绝不是优秀的管理者。

对自己要求的能力和方法不能一蹴而就，就像我自己，从最开始自我要求比较松散，到现在非常严格，也是需要一段时间累积、慢慢进步的。达到这个要求，需要强大的决心和毅力，需要在探索与实践中思考，你的行动进步完全尽收员工眼底，只要有一点进步，抓住员工心的力度就加强一分。他们会在心里默默忖度："他好像值得信赖！"、"她能力很强！"、"他能带领我致富，过上稳定生活。"只要员工有此类想法，你的努力就没有白费，离成功就更进一步。

严格的自我管理

能管理自己的人才能领导他人；能使自己独立思考，不违反纪律的管理者才能以德服人，成为公司企业上下员工的表率。

令人遗憾的是，很多管理者很难做到对自我要求严格，按照规则战略办事。他们总是认为自己是领导，就有某些特权，可以迟到，可以早退，可以在上班时间抽烟，可以穿着泥泞的皮鞋进办公室。也许作为一个管理者做这些没人会提出异议，但长久来说，会影响个人形象、个人信誉。

更令员工反感的管理者，不但不检讨自己缺乏专业素质，还把错误完全归结于员工。在培训中，一个公司研发部经理就曾向我抱怨手下员工办事不力，每天因为开发新产品的事情发火。新产品研发就不需要管理者参与吗？作为灵魂人物就应该在关键时刻挺身而出，给出有建设性的建议，而不是一味怒骂，让员工对自己有意见。

要想使员工自主服从管理者，不外乎是管理者地位高、权势大，不服从将受到惩罚；另外就是管理者具有的个人素质，在眼光、经验等能力上得到工作人员由衷信服。这两点缺一不可，而后者相比前者地位更重要。所以，管理者需要不断更新、反省自己，对自己严要求，表现出良好的个人品质和崇高的人格魅力，遵守已制定的规章战略，在员工心中树立良好形象，以德服人。

提升个人竞争力

没有个人能力的人很难说服他人跟随，管理者需要有一项或多项可与他人竞争的能力，也只有个人能力提升，才能带领全体人员个人竞争力提升。

确定一个方向

能长期以一个目标、一个方向不变的人是有强大凝聚力的。员工都愿意跟随意志坚定、坚强不屈的精神领袖，只要有正确方向，就能看到光明，企业管理者必须有一个前进的方向。

实战案例：巨人战略缘何分崩离析

巨人集团曾经是一个红遍全国的知名企业，是依靠胆识和雄心加上一定能力成长起来的。也是因为巨人集团的这种个性，让它曾经走出一步险棋：投资超出自己能力十几倍的巨人大厦。巨人大厦也本应是史玉柱和他的巨人集团的一个丰碑式的建筑，结果却成为一个拥有上亿元资产的庞大企业集团衰落的开始。

巨人集团觉察到如火如荼的房地产有利可图，但没有考虑到其是高风险行业，而贸然执行从建巨人大厦到进军房地产战略。

房地产行业独特的生命周期是热得快，冷得也快，受国家宏观经济环境影响很大，这些因素是巨人集团始料未及的。巨人集团作决策进入房地产的出发点过于单纯、盲目和短视，执行过程也很粗心，没有形成系统的流程管理和规范。

分析巨人集团倒下的原因可以发现，客观因素和主观因素同时存在，但最关键的还是它的掌门人（最高层管理者）没有看清巨人集团的实质，以及未来战略应该朝什么方向发展、制定。一个白手起家的民营企业，资本规模迅速扩大，当它成长为一个真正的巨人时，企业的战略规划开始显得越来越重要。巨人集团的衰落，正是由于严重的战略失误导致的。管理者在没有有效的环境分析、稳健的资金保障和完善的管理机制下，采取激进的扩张战略，只能将自己逼入死胡同。

STEP5 完善执行流程：把握问题核心执行零误差

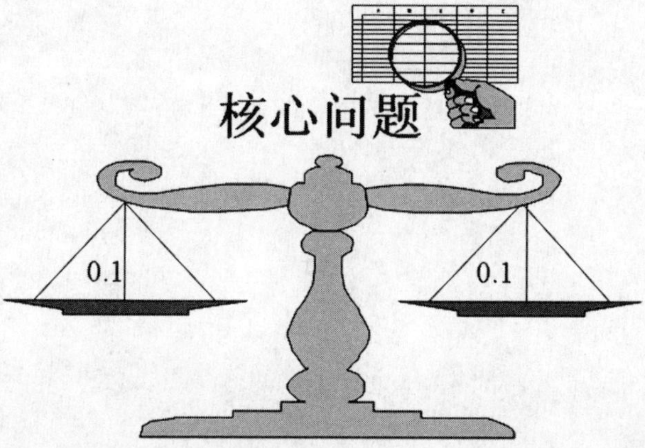

把握问题核心执行零误差

流程是“死”的，执行方案是“活”的

当流程中的项目进行不下去时，管理者应该动动脑子，促使企业局部更新改良，量变达到质变，促成根本性创造。管理者应根据创新步伐而改变，以创新节奏为依托，走可持续发展道路。企业核心原动力是技术，而有技术的地方就有更新换代，技术革新就是渐进式创新的一角，针对企业产品进行改良，与受众终端需求吻合，达到产品与销售的对接。

管理者还要会审时度势，对企业的发展战略不断调整、选择并予以实施，流程才能不断完善、升级。

我的学员张鹏亮创建了一家以技术服务为核心的电子公司。2011 年公司研制出符合大众手机应用的开发性功能软件，开创出一条目标鲜明的消费者终端产业链。在软件中，客户既能下载各种游戏软件，又能上传自制游戏，两方面互动让张鹏亮的公司走上正轨。张鹏亮也曾向我透露，如果不是以小创新带动流程完善，公司不会顺利走到今天，在执行流程的道路上，公司最初制定的流程制度几乎被全部打破。例如，开始公司规定早上8点上班，而由于开发团队在研发新产品时夜以继日地工作，其中几个员工因为过度疲劳一度晕倒，张鹏亮便将上班时间推迟了一小时，以便工作人员能多一些休息时间，但他也说到：“我关键要看的是结果。”

如今，张鹏亮的公司提出“打破创新瓶颈，更新企业流程”的口号，

在他的英明领导下，团队成员的业务能力大幅度提升，现在他的公司在业内已经颇有成就。

从该事例中不难看出，公司的成长历程是艰难的，但在完善流程基础上找到了出路。创新是根据国内客户体验总结、实践出的结果，对市场潜力领域进行改良再创造，真正看到客户的需求。

现在大多数管理者还不能深刻了解市场机制调节的规律，高瞻远瞩的管理型人才稀缺，与此同时，企业创新意识薄弱仍是发展的短板。值得欣慰的是，一些有远见的管理者正在着手创新措施，进行渐进性创新的企业已经比前几年翻番上升，这说明管理者意识提高后已经将想象变成行动，开始拓宽创新步伐。

一个完整的改善流程过程，大致可以划分为三个阶段，即发现问题，确立目标；选择突破口，进行规划；创新实践。管理者首先要发现产品存在的问题，找出其对销售影响的关键点，进而对产品进行改善，并设立改善所达到的目标，与员工共同弥补缺憾。发现问题是管理创新的前提，只有发现事物与期望不符，找到差距，才有下一步行动改善，不然创新便无从谈起。在发现问题后，就要解决问题，选择最恰当的突破口会使创新事半功倍。创新实践阶段，是整个创新过程最关键的收口阶段，根据众多管理者经验综合，总结出创新的实践可以从以下几个方面入手：

从问题最多的部门入手

如果一个企业各部门发展不平衡，其中相对落后的部门势必会拖拽整个企业前进的步伐。改革能力最弱，问题最多的部门可以采取大力度、全局化的创新手段，彻底改善其现实问题。这是抓典型讲效率的需要，是统筹全局的要求。

解决流程中最有争议的问题

任何一件事情的变化和发展都可能受到员工的极大关注，作为管理者，关注流程中最有争议的问题，进而解决问题是关键。在解决争议问题时要注意把握全局，将企业利益和员工利益相结合，做到平衡统筹，做好“三公”管理机制，让大家都满意与信服。如果因为创新而损害了公司的利益，那么企业的凝聚力就会大大降低，最后得不偿失。

从流程中的关键部分开展工作

繁杂的工作会使员工一筹莫展，影响执行力的高效实施。想迅速解决这个问题，就需要从流程中的关键部分开展工作。创新工作进程缓慢，但却是不容忽视的部分，管理者需要提示监督下属，冷静分析工作组成，找出决定工作关键性的矛盾主要方面，区分重要事务和次要事务，抓住关键开展工作，实现创新革新的目的。

搬走流程工作中的绊脚石

所谓工作中的绊脚石，就是流程的工作重心。这在工作中起着为工作定性的作用，决定着工作性质、发展方向、最终成果等等。想创新，就要在工作重点上创新，搬走阻碍创新的绊脚石，是为企业创新提供一条顺畅通道，是创新得以顺利进行的客观条件。

将要求融入业务流程的各项环节

企业所处市场环境的变化给企业带来了更多的机遇和挑战。如何应对市场环境的变化，提高企业的满意度是每一个企业都在关注的问题。

现代企业，一定要做好以管理求效率、以品质求生存、以效率求发展、以发展求平稳的核心管理理念，运用竞争上岗与激励机制来促使企业可持续地健康发展。当然，除此之外，作为管理者，如果你的企业没有高执行力、高效率，很快就会被社会淘汰，如何才能在最短时间内，以最快的速度提升企业竞争力，调整企业战略，响应社会发展的要求，那就要将业务流程中的各项环节更好地执行。

业务流程是为达到特定的价值目标而由不同的人分别共同完成的一系列活动。活动之间不仅有严格的先后顺序限定，而且活动的内容、方式、责任等也都必须有明确的安排和界定，以使不同活动在不同岗位角色之间进行转手交接成为可能。

业务流程是在企业不断发展过程中积累下来的宝贵财富，在你的前面有很多人都做过同样的事情，他们在工作中不断总结经验、改善流程，使工作越来越简单，按照业务流程办事，会使你少走很多弯路，以最快最直接的方法达到最有效的执行。

我的一个朋友开了一家出版公司，以出版教辅书籍为主。教辅书籍质量要求很严格，要经过好几轮的审校工作。主管被派到上海的分公司去了，而主管的一个下属，因为工作能力比较出色，就要荣升到主管位置。但他却没有带过团队，对于管理方面来说，还是比较茫然的，这时正好有一批教学书籍需要整编，这个任务就分给了他们部门。他看到那么多的工作不禁开始发愁，以前都是做一本两本，现在一下子有十几本的书等着去做，他不知道该怎么办了。

他去请教上级，上级告诉他和以往的工作程序是一样的，只是数目的增多，工作性质并没有改变。于是，他就按照原来的程序做了起来，该下发的下发，该联系其他部门的联系，可是到了预定的时间才发现，工作做得远远不够。原来，他只知道自己做自己的事，在中间没有和下属沟通，下属根本不知道自己应该做些什么，他仍然把自己当成普通职员，没有认识到自己的管理职能和领导职能。

上级发现了这个问题，就让他向原来的主管请教，原来的那个主管告诉他："我原来办公室的书橱里有一个红色的笔记本，上面有每一项工作的流程，你好好学习一下吧，按照流程办事才能既省心又省力。"

第二天，他就按照业务流程展开了工作，在短短一段时间内，他就能熟练地按业务流程把日常工作中的事情搞定了。

可见，业务流程在工作中是多么重要。那么，怎样在工作的各个环节中，按业务流程的要求办事呢？

流程要求不在长短，而在于可行

越简单的事情越容易掌握，也越容易操作，错误率也越少。有的管理者为了显示自己的能力，不自觉加大工作难度，即使一个非常简单的事情也要把他变得很复杂，制定出长长的流程。这样的流程不仅对工作毫无意义，有时候还会成为他人的笑柄。

流程要求不在长短，而在于是否可行。管理者在制定业务流程要求的时候，一定要多听听基层员工的意见，因为基层员工才是流程的执行者，只有方便基层人员的流程才是一个可行的流程。

流程要求不在多少，而在于有用

有的管理者认为，既然业务流程那么重要，那就多制定点要求，让大家都按流程办事，工作不就变得简单了吗？于是，需要流程的地方制定流程，不需要流程的地方也制定流程，管理者看到那一本厚厚的流程册，心里很高兴，殊不知，这些多余的流程已经严重影响了员工的工作效率。

流程要求不在多少，而在于实际、实用与实效。只有管理者设身处地为员工着想、为工作着想的时候，才能制定出完善的工作流程。

解决管理流程中的问题

在前期金融危机影响下，加上近期的通货膨胀与银根压缩，在长三角、珠三角等经济发达的沿海地区，一夜之间或几天下来，就有很多企业纷纷倒闭。2011 年以来，温州企业老板成为了国内外的关注点，从 2011 年 4—10 月，随时都可见到新闻、媒体或网络上说温州哪个企业老板跑路了，哪个企业老板或领导出于内心的压力而自杀的新闻。在货币紧缩的政策引导下，市场经济陷入了低迷期，原来那些不重视企业管理或者说盲目多元化发展的企业没有熬过“寒冬”，“冻死”在了这个“寒冷的冬天”。可是仍然有很多企业奋勇向前，不仅踏过了“寒冬”，还迎来了“春暖花开”。

为什么同样规模的企业，有的由盛转衰，有的起死回生呢？那是因为企业的管理流程在起着“运筹帷幄之中，决胜千里之外”的作用。

管理流程指的是为了控制风险、降低成本、提高服务质量、提高工作效率、提高对市场的反应速度，最终提高顾客满意度和企业市场竞争能力、并达到利润最大化和提高经营效益的目的的流程。

2000 年 11 月 16 日，国家药监局公布了暂停销售含有 PPA 成分的 15 种药品。拥有很高人气的中美史克的感冒药——康泰克也是其中之一，很快民众都把矛头对准了中美史克，这给中美史克带来很大的冲击。

面对关系到中美史克企业形象、产品销售甚至是企业生存的危机，中美史克没有选择逃避，而是在最快时间内制定出一整套的应对流程。

1. 中美史克在接到通知的第一天就召开紧急会议，成立了由总经理为组长的危机管理小组，相关的高层和部门主管参与相关工作，并任命 10 名精英员工负责对整个工作进行协调。同时，公司制定了一个强有力的管理原则：马上执行药监局的暂停令，暂停康泰克的生产、销售和市场推广，所有康泰克马上下架、不得出售，并向公众作出解释，及时改进产品。在第一时间内将全国各地的销售经理召回本部，大家一起协商，寻找应对策略，最后统一思想。在会议结束之后，向销售经理统一发放《致医院的信》和《致消费者的信》，让销售经理代表公司亲自向医院和消费者道歉。

2. 2000 年 11 月 20 日在北京召开了“媒介恳谈会”，希望能够通过媒介和民众进行沟通，及时发布相关信息，以此来表达中美史克对于民众的歉意以及直面危机、与民众沟通的诚意。事实证明，其做法是正确的，不仅维护了企业形象，还赢得了民众的同情与舆论宣传的主导权。

3. 新闻发布会后，企业成立了一个负责处理此次事件的小组，专门负责与媒体和民众进行沟通，及时给予民众最为准确的信息，消除人们的疑虑。接着中美史克又赔偿了各地供应商的损失。

4. 中美史克在公司内部为这件事召开了全体员工大会，向员工说明了情况，并保证绝不裁员，消除了员工的疑虑，让他们重新投入到工作中去。

5. 中美史克的高层与股东开会讨论，明确了今后的发展目标，在全体人员的努力下，中美史克开始研发新产品，为后续经营打下坚实的基础。

中美史克面对危机所做出的管理流程，不仅使企业渡过了难关，还赢得了民众和供应商的信任，也为后续的经营提供了有力的保障。新康泰克上市后，很快又占领了市场。

一场危机处理不好，可能企业就会被颠覆；一场危机处理得好，可能会给企业带来更大的发展机会。管理流程的作用可见一斑。

那么，应该怎样解决管理流程中的问题，让管理能够运筹帷幄、决胜千里呢？

管理忌鲁莽，决策要深思

在作出重大管理决策时，千万不能鲁莽，如果头脑一热，没有经过深思熟虑就下命令去执行，等到发现问题的时候，一切就都晚了。所以，管理者在制定管理流程时，一定要认真思考，把握好分寸，这样的管理才能有效。

关注眼前，畅想未来

看一幅画时，只有站得近才能把画看清楚，而只有站得远才能把整个画面尽收眼底。管理者在制定管理流程的时候，一定要仔细考虑现有资源，在作出决策之前要把现在的问题考虑清楚，也要全盘考虑这项决策将会带来一个怎样的结果，在决策之前要先看到未来。

相信自己，虚心请教

在管理的时候，管理者首先应该相信自己的能力。自信的力量是非常强大的，可以让你用一种积极的心态去处理问题。但是管理者也应该知道，不管能力有多强，总会有自己无法处理的事情，人的知识都有一定的局限性，难免有考虑不周的时候，在处理事情时，管理者也应该积极倾听他人的意见，这个他人不是一两个人的见解，而是要广开言路、集思广益。

立足现实，参考经验

在解决管理流程中的问题时，要立足现实，把现实的情况搞清楚，再做决断。如果以往解决过类似的事情，就可以参考以往的经验，吸取以往的教训。但是如果现实情况和以往的情况不相同，切不可照抄照搬以往经验，犯经验主义错误。

100% 执行的流程标准

管理者往往要求员工跟进一下项目或者尽快把任务完成。但“跟进一下”是什么意思？管理者并没有把要跟到什么程度和员工说清楚；“完成”是要一个什么样的结果？“完成”很容易，不管结果如何，做完就是完成了。员工每天忙忙碌碌却一直没有做到管理者想要的标准，为什么？就是因为没有给执行建立一个清晰的量化标准，所以员工也不能100% 执行。

你是不是也每天忙忙碌碌而没有什么作为呢？在执行的过程中，你是否也只是停留在“做”的表面层次上，却忽视了最重要的结果“做好”呢？“做好”就是执行到位，就是要执行 100%。

我在广东一家外资企业做车间主任的时候，年终，公司开了一个隆重的表彰大会。那时候，自己还年轻，血气方刚，虽然知道那些获得奖励的员工都是比自己出色的人，但自认为自己也很不错，执行任务的时候基本上都能让主管满意，所以就觉得很委屈。大会结束以后，同事赵姐跟我说：“你看到了吧，表彰大会其实就是一个形式，你的业绩也挺突出的，每次主管分配给你的任务你都能做完，并且基本上都能达到 90% 的执行，可为什么就不给你发证书呀？你就算没有功劳也有苦劳呀，你还年轻，不知道里面是怎么回事，等你待得时间和我一样长的时候你就明白了……”听了这些话之后，我气愤极了，原来里面有关系的，我说怎么没有我呢？我忘记了理智，直接去找主管理论。主管听到我说的话后并没有生气，而是心平气和地告诉我：“现在你想想，那些受表彰的员工与管理者，他们在平时的工作中是怎么做的，是只把工作做完就不管了吗？他们的执行是 90% 还是 100%，只有 100% 完成任务的员工才是优秀的员工，就像挖井人，眼看就要挖到水的时候停止了，还是没有挖出井来，这和不挖有什么区别吗？”听到这些后，我哑然了，确实，那些获奖的员工，都是 100% 执行任务的人，他们得奖是应该的，而我虽然做了很多，但是没有执行到位，也是徒劳。自从这件事之后，我就下决心做一个执行到位、执行 100% 的人。

企业发展，利益至上，如果执行不够，就不能使企业获得应有的利益，这样的执行就不是合格的执行。执行力的缺失会导致个人或企业缺乏竞争力，所以，执行就要到位，执行就要 100%。

执行到位，关键看行动

将各个流程执行到位是一种态度，不是一句口号，即使管理者整天喊着“执行到位”，在真正执行的时候却不能做到 100% 也不能算是执行到位。执行到位看的是行动，即使不说，但是每次在执行的时候都能用 100% 的努力、100% 的付出，才能算 100% 的执行。

执行到位，让借口见鬼去吧

在工作中，有很多管理者都喜欢为自己找借口开脱。一旦养成习惯，在执行时首先就会对自己的能力产生怀疑，认为自己有可能完不成这个任务，完不成任务老板问起来怎么办，那就先想好对策吧。还没有执行就为自己找到了执行不利的借口，还会全力以赴去执行吗？如果一直处于执行的被动立场，打一鞭子挪一挪，是永远不会取得成功的。所以，要想执行到位，就不能为自己找借口，不管是什么事情，都要付出 100% 的努力，这样才能得到 100% 的回报。

执行到位，第一次就把事情做到 100%

可能老板在交给你任务的时候没有明确告诉你他想要一个怎样的结果，但是你必须明确你要给老板一个怎样的结果他才会满意。既然老板把任务交给你，那就代表了他对你充分的信任和尊重。为了回报这份尊重，你也要做到执行到位。如果你只是想要尽快完成老板交给的任务，却不去考虑要做到一个什么样的程度，不去想在执行过程中有多少有效、有意义的执行，那绝对是对自己工作和管理者的一种亵渎。任何一个工作，只要你接受了，就有责任把它执行到位，第一次就把事情做到100%。

执行到位，不要轻言放弃

管理者在工作中往往会遇到这样那样的难题，有的时候是因为知识水平不够、有的时候是因为能力不够、有的时候是因为一时灵感阻塞，而想不起应对的办法，但是不管遇到什么样的困难都不能轻言放弃。有困难了要想办法解决，或者查阅资料，或者请高人指点，或者休息一下、调节一下心理压力。如果实在没有办法，管理者还可以寻求上级领导的帮助。在工作中遇到问题时应该想办法解决，而不是逃避，逃避问题只会让自己越来越失败，越来越消极。所以，在执行过程中，遇到困难不要轻言放弃，要努力争取，做到执行到位。

将运营制度流程落到实处

为什么员工迟到现象屡禁不止？为什么公司里的人都走光了办公室里仍然灯火辉煌？为什么下班了电脑还开着？为什么卫生间里“流水不断”？为什么披着外套还开空调……人们常说：“习惯成自然”，那么，习惯是什么？习惯是一种意识行为，是在长期培养历练过程中形成的一种自然而然的状态，是一种不容易改变的生活方式和工作方式。当这些不良的行为形成习惯时，大家也会觉得理所当然、见怪不怪了。但是，作为一个企业的管理者，是绝对不能对这种现象姑息纵容的。改掉这种坏习惯该从何下手呢？只能让一个好习惯来取代这些坏习惯。

习惯的培养靠什么？靠运营制度。管理者要想使员工都能养成一个良好的习惯，就要用制度来管理员工，并且要将制度流程落到实处。让员工按照制度、流程办事，让习惯成为自然。

汪氏企业是一家在国内非常有名的食品公司，其分公司和食品加工厂遍布全国各地，年盈利上亿元。但是他们的老总并不像其他人想象的那么忙，他一般一个星期只上一天班，甚至有时候他一出门就是一两个月，但是企业仍然运营得非常顺利。他在与不在效果都是一样的好，因为他们运用的是系统管理流程与合理授权管理机制，运用流程与制度来合理化管理，促使各层管理者与广大员工都清楚地知道自己的利益与公司的效率有着密切关系。

我也是一个非常爱玩的人，但总是为自己找很多诸如工作太忙、公司离不开我等理由，一直没有去过国外。我问汪氏企业总裁："你的企业做这么大，还这么潇洒、轻松，你成功管理企业的秘诀是什么？"他笑着说：企业大了后，也是属于社会型了，我们主要是经营人，你自己是做管理咨询辅导的，比我更清楚，上了规模的企业，如果制定好企业的制度流程，让员工都养成按照制度流程办事的习惯，那你就有时间出来玩了。而小企业的老板主要是经营事，任何事情都是身先士卒、亲力亲为，所以很累。"

后来，我回到自己创办的公司之后，在各个部门都进行了一遍实地考察，并且和部门负责人进行了促膝长谈。一个多月后，我制定出自己公司的制度流程，并要求所有员工都按照流程办事，半年后，效果果然出来了。

所有的员工不仅工作更加简单了，而且效率提高了一大截，我的工作也不再那么忙了，终于有时间实现外出游玩的愿望了。

随着企业越来越大，很多管理者往往会觉得越来越累，有时候他们不得不连轴工作，以弥补下属工作的不足。但是不管他们怎么努力，工作依然很多、麻烦仍然不断，他们还要继续补救，如此循环下去，管理者总会有力不从心的时候。想要变得轻松，唯一的办法就是制定出完善合理的制度流程，让下属都养成按照制度流程办事的习惯，把工作做到位。只有下属的工作做到位。管理者的工作才不会那么累。

那么，如何制定完善、合理的制度流程呢？

制定一套科学、有效的运营制度

运营制度是企业进行制度管理的一个关键，运用得当，就会极大调动起员工工作的积极性。工作效率高，执行能力强，企业的效益就会好。反之，则会造成员工对企业或管理者不满。人才流失，员工情绪低落，执行力低，企业的经营效益就会下降。制定一套科学、有效的运营制度无疑已经成为企业管理者工作的重中之重。

明确员工的岗位职责和职能分工，保证制度完善

明确员工的岗位职责和职能分工，是指让员工明白自己所在岗位的工作内容以及应该承担的责任范围。这样可以最大限度实现劳动用工的科学配置，让员工之间的合作更加紧密、连接更加协调。员工明白了自己的岗位职责之后，可以提高工作效率和工作质量，专人负责专事，也可以防止出现问题的时候员工之间互相推诿、扯皮的现象发生。

运营制度要有针对性

很多企业的发展都是靠管理者的英明决策和睿智的判断，但是管理者不是神，再英明的领导也有犯错的时候，不能光靠管理者的感觉打仗。企业要想顺利发展，就要制定出有针对性的运营制度。在瞬息万变的竞争环境中，信息纷繁杂乱，不经过调查分析是很难作出准确的判断的，所以，作为企业管理者，在进行一个项目之前，首先应该做好有针对性的运营制度。

实战案例：苹果公司的运营流程

20世纪70年代，美国的苹果公司把电脑从庞然大物缩小成微型计算机，“输入”到千家万户。苹果公司在个人电脑市场上的节节胜利，使得其他电子厂商迅速对其加以模仿，在极短的时间内，美国100多家个人电脑公司在纽约创建。对于这些“后生”，苹果公司不屑一顾，当时的总经理迈克尔·斯科特认为这些刚成立的小企业不足为虑，因为它们根本无法与苹果公司抗衡，对苹果公司业务构成威胁的只有两家大公司而已，但那两家公司都不拿个人电脑市场当回事儿，仍然致力于大型计算机的开发工作。所以他推断至少在未来的10年之内，苹果公司仍将是个人电脑市场中的龙头老大。于是苹果公司疏忽了对市场的关注，没有随市场的变动而采取相应的流程改善措施。

当1981年电脑巨人——IBM进军个人电脑市场时，苹果公司才从美梦中醒来。为了应对挑战，苹果公司宣布1981年年底将推出苹果三型电脑。但事实是，苹果公司在宣布此决定前并没有对苹果三型电脑进行研发。结果可想而知，直到1981年11月，苹果三型电脑还存在大量的技术问题亟待解决。总经理迈克尔·斯科特决定降低对苹果三型电脑的技术要求，按照原定计划推出新品。在这种情况下，技术改进极少的苹果三型电脑上市了，由于它的技术与二型电脑相差无几，价格却贵很多，故极少有顾客购买。相反，原本对苹果二型电脑都颇有微词的顾客纷纷转而购买其他品牌个人电脑，苹果公司渐渐被顾客冷落，从此一蹶不振。

运营流程要注意短期任务与长期目标之间的平衡，还要针对那些可能出现的问题和障碍制定出相应的应急方案，才能避免意外事件发生时的手忙脚乱，减少企业的损失。很显然苹果公司没能做好这一点。

STEP6 制定执行制度：有方有圆执行力才有支撑

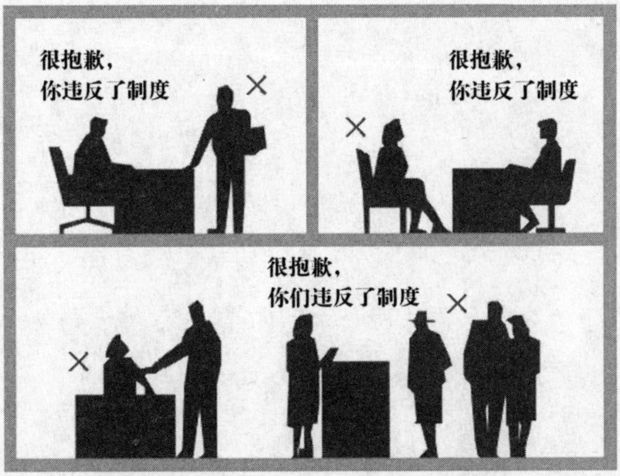

有方有圆执行力才有支撑

合理激励制度，提高员工积极性

一项行之有效的激励制度不仅可以使员工得到进一步的提升，而且也会对达到公司的愿景目标起到一定的推动作用。

现在建立一项激励制度已经不再是传统意义上的制定奖金金额、发放奖品，而更加注重对公司目标的分析、定义预算、奖励结构的建立、激励计划的推广和表彰等在内的一个整体性、系列性活动。这种变革，决定了建立一项有效的激励制度需要站在企业和个人两方面来考虑。管理者应该考虑的是：企业的目标是什么？哪些人会对企业目标产生影响？激励的预算应该是多少？激励的回报是什么？奖金或奖品是否与个人的付出相符？激励制度是否对个人有吸引力？激励结构是否公平？

我在一家企业培训时，正好赶上他们要招聘一批新员工作为公司的人力储备人选，人力资源部的经理就找到了我，问我有没有什么好主意。于是，我问他："你们以前是怎样招聘的呢？"他回答说："以前就是先看简历，从中挑选专业知识能力强的人，然后对其进行集中面试。虽然这些员工的专业知识能力看起来都不错，但是真正进入岗位之后，就会发现并不是那么理想。才参加工作的新人，工作积极性很高，但是职业意识薄弱，上班迟到现象严重，合作能力差，也没有按流程办事的习惯，很多人都要适应大半年后才能进入工作状态。招聘过程中也会有从其他公司跳槽过来的人，虽然工作上手快，但是却带有严重的原公司烙印，不能严格按照本公司的规章制度办事，并且还有部分员工职业心态懒散，得过且过，不思进取。可是，这些在招聘的时候也看不出来呀，也不能一招进来就把人辞退，重新招聘吧？”听完他的话我给出解决的办法：“想要招聘一次到位不容易，但是也不要怕麻烦，因为这毕竟会给将来的工作带来许多便利。在招聘时可以运用一些小技巧，比如，招聘上门推销业务的人员，就让员工多敲几次门；招聘客户服务部门的人员，就专门制造点矛盾看他如何化解；在面试的过程中还要设置重重障碍，以判断这个人的心态、品德等。”

员工素质的“水上部分”是随时可以检验考核的，即使掌握不太好，改变和发展也比较容易，培训工作容易见到效果，但是员工的综合素质问题却不是能够在短期之内迅速改变的。

员工素质的“水下部分”是隐性的，不仅员工容易忽视，企业的管理者也往往容易忽视对其的考核和激发。如果隐性素质不加以激励，只存在于潜意识里面，是很难对一个人的执行力起到什么作用的；如果一个员工的隐性素质经过培训得到激发，可以迅速提升一个人的整体素质，这对提高企业的核心竞争力具有非常深远的意义。

不管站在什么角度，一项行之有效的激励制度必须要达到激励员工的效果，也要对企业的愿景目标有一个推进作用。

建立一项行之有效的激励计划需要经过以下步骤：

预算标准

一般情况下，一项激励计划的奖励费用都是从项目本身中抽离出来的。例如，对销售的激励计划，是在销售目标完成之后，从中拿出 10% 的盈利作为奖励。但是如果一个项目本身并不盈利，那么，企业的激励计划就是一种投资，可以对今后企业的长期发展提供益处。奖励奖品等旨在激励参与者，金额的多少可以根据企业的需要做出调整。

目标分析

首先要确定企业的长远目标，然后把企业的长远目标分解成一个个小目标。确定每一步要达到的目标，以及现阶段对企业起关键作用的因素。在企业的不同阶段其关键因素也会不同，比如在企业发展之初，宣传和质量是最重要的。所以，要根据不同阶段的要求制定企业的下一步目标。但不管在哪一个阶段，都要保证推动企业长远目标的发展。

制定、推广以及跟踪激励计划

在制定激励计划的时候，要在计划结构中规定条件，向参与者声明对他们的期望以及达到期望目标之后可以获得多少回报。制定的计划可有开放式和封闭式两种结构，两者各有优势和劣势，所以，可以两者结合一起使用。但是不管选用哪种形式的计划都要坚持使参与者感兴趣这一原则。

推广计划一般需要以下步骤：（1）计划的推广者要做好计划实施的准备工作，通过发放小册子、宣传页或者贴海报的形式向参与者灌输相关概念。（2）利用开小会的时候，向员工进行宣传推广，让其互相传递，提高他们的参与热情。（3）正式公布计划，要讲清楚计划的细节，有目标的向参与者介绍计划，并用有感召力的语言激励员工。

当推广计划完成之后，要不断跟进计划。一个企业实施激励计划的关键就在于如何衡量、跟进参与者的个人表现及进步。计划管理员要记录参与者的表现、绩效和目标完成情况，并及时上报。根据本阶段内的表现确定获奖人及奖励发放时间。

定义参与者

目标和关键因素确定之后，就要对目标结果的执行者进行分析，由于参与人员的背景不同，他们的需求也会有所不同。所以定义参与者可以根据不同参与者的需求，制定出最适合他们的激励方法，以达到最佳的激励效果。

确定奖励奖品及奖品发放

既然已经确定了参与者并使计划按照步骤一步步实施了下来，接下来就是确定奖品类型了。因为奖品类型的设置要符合获奖人的喜好。所以在确定奖品类型之前要对获奖人进行调查，看看什么最能激励参与者，看看他们是否有孩子、是否希望出去走走，是看重物质奖励还是更看重精神奖励。在确定奖品类型的时候不是要看企业想给员工什么，而是要关注参与者的喜好，选择参与者想要的奖励。

确定奖品类型时还要关注奖品的价值，首先，奖品的设置要和员工的付出成正比，要能够对员工的付出给予一定的回报。其次，要考虑奖品的市场价值，即使奖品很值钱，可是如果参与者家里正好不需要或者参与者根本就不喜欢，那这件奖品对参与者而言将毫无意义。

奖品发放在确保准时的情况下，还要尽量做到隆重。可以开庆功宴、组织鸡尾酒会，还可以借此宣传一下。奖品的发放要由企业的领导者来行使，并且在发放时要对员工进行祝贺，并向他们的努力表示感谢。

奖品发放完毕之后，所有获奖人员拍照，然后把照片挂在企业最醒目的地方，以达到激励他人的作用。

计划评估，沟通反馈

任何一项措施的实施都需要及时的反馈。只有对激励计划作出及时的评估、总结才能使激励计划有效执行，才能确保企业长远目标的实现。

1. 评估激励计划是否成功。激励计划的成败取决于激励计划是否达到既定目标，是否在可控制的成本范围之内。

2. 建立反馈机制。与获奖者沟通，了解激励计划中的优点和缺点，同时也要向其他参与者宣传获奖者的事迹，达到侧面激励的作用。

3. 对计划的整体评估。要对激励计划的结果做出评估，评估激励计划是否达到了想要的结果，如果没有，找出原因。要明白通过激励计划想要达到一个怎样的结果，计划执行完后是否达到了这样的结果。要了解激励计划是否满足了参与者的需求，如果没有，找出原因后，再进行分析与评估，制定解决办法。

世界上任何事物都不是完美的，计划、制度也同样不会完美，但是，只要不断发现问题、解决问题、总结调整，就一定能够制定出具有积极作用、切实可行的激励计划。

执行有重点，制度才有保障

当企业的管理者一味注重效率而忽略了制度时，以最高的工作效率来应对没有价值的工作，只是在做无用功，还会因为无谓的投入给企业带来负面影响。

我在安徽的一次培训课堂上，提到制度能起到什么作用时，要求在座的学员试着举例子，一位女白领说："我的女儿今年三岁，有一次领着女儿去游乐场玩，与我们同行的还有同学一家三口，同学的孩子今年也三岁，是个男孩。途中我女儿拉着我说'妈妈我想要漂亮的棉花糖。'同学听到后立马夸赞女儿聪明伶俐，一句话表达完整，主谓宾俱全，还有修饰词。回过头问自己的儿子要不要，儿子拉着她的手说'妈妈，糖糖'，同学立即嘟起嘴，嫌儿子语言不够华丽，说话不完整。但在我看来，同学儿子说话言简意赅，没有过多的修饰词但是直接说中了想要的目标，这就是抓住了重点。"

我让这位女士坐下，在制度管理中抓住重点很容易，就是最简单的指令和最简单的执行。

但是很多人习惯追求过于细微和繁琐的制度，使之在执行时效率低下。接受到简单的制度后，还要注意抓住重点去执行，在强调其他事情和原则上花费过多时间和精力，讨论的结论并不能为需要执行的工作节省时间，反而将高工作效率投入到非重点事情上而耽误时间。

我曾经遇到过这样一位老板，为人非常细致，在公司对员工要求事无巨细，我出差到他那里时，他正在主抓员工迟到问题，他的公司在写字楼的19层，写字楼大厅有8部电梯可以到达他的公司，所以他很不理解员工为什么总是迟到。于是他开始更换公司的签到设备，在一楼大厅配置了一套指纹识别系统，这样一来就避免了员工互相代替打卡。但是他准点坐到办公室的时候，还是有一部分员工没有出现在他的视线里。面对严格的管理制度，员工依旧我行我素让他很是愤怒，但是月底考核居然很少有人有迟到的记录。

我去过两次他的公司，发现一个问题，他每次都将车停在地下车库，然后在那里直接乘坐电梯到达19楼，直通地下车库的电梯通常是贵宾使用的，硕大的写字楼能拥有地下车库的绝对是少数，所以能行使方便的就只有一小部分人，而大部分员工每天要在楼下排队等候大厅里的8部电梯，毕竟19层的高度要徒步爬上去也需要一定时间。重点是他将签到设备设置在一楼，员工进入写字楼立即进行识别，通过后开始等待电梯，由于已经完成签到，员工也就不急于挤电梯，导致时间拖延，有时候进入写字楼十几分钟还不能到达公司，更别提进入工作状态了。针对这个问题我找他谈了谈，建议他把指纹识别系统从一楼搬到公司门口，虽然改设备有些麻烦，但保证可以杜绝上班的时间差。

他听完我的建议恍然大悟，一味要求却没有找到原因，花费精力和财力监督工作时间，结果在关键制度上出现疏漏。改变打卡地点后，员工只有到达公司门口才能进行指纹识别，为了不迟到，就自动自觉提早一些进入写字楼，避开上班高峰期，以免乘坐不到电梯。这样一来不仅没有人迟到，反而到达公司的时间更早了。

这位老板问我如何避免在不重要的事情上投入过多精力，我让他在纸上写下次日需要做的事情，当他列出安排后，将模棱两可的事和无需他亲自做的事去掉。最后剩下的事情按时间紧迫度和重大程度标好序号，第二天就按照序号完成这些事，即使只完成了一项任务，也不要放弃，因为你每天都在做最重要的事，坚持用这种方法给自己安排工作顺序，不断提高自己的工作效率。无论是管理者还是企业员工，都可以参照这个方法进行日程安排，当你没有足够的精力和把握去完成所有事的时候，就选择最重要的事去完成，并且不断加快自己的办事效率，这样就能实现最高效率用在最有用的工作上。具体可以这样做：

分清企业中的重点

管理者在制定企业制度时要遵循重点任务强化突击，次要任务适时完善。

紧急任务第一时间处理，过时任务立即放弃

适当推迟次要任务为重要任务让路，留给紧急任务足够的时间。

有效授权制度保障执行不脱节

不管现在处于怎样的位置，我们都曾经被领导过，我们也有评论一个领导“好”或是“不好”的时候，其实现在想想，当初所谓的“好”也就是自己心甘情愿跟着他干，不管能挣多少钱，也不管有多么辛苦。当我们频繁跳槽的时候，往往是因为你所跟的领导不能给你一个方向性的东西，你跟着他觉得迷茫且没有希望。

很多管理者也往往有这样的困惑，觉得自己在执行中付出了太多心血，事无巨细都亲自过问。哪怕是要给团队买一批文件夹也要亲自上阵，生怕因为某些制度不当而引起某些不利于团队发展的因素出现，但是这样的领导往往是最累的，不但是最累的，还是最得不到理解的，而且最终的结果往往很打击人，那就是你的队员中的某些人会悄然离开。这样的管理者不是不好也不是不爱自己的团队，只是在选择的时候，没有考虑到别人的感受与想法。

细想一下，自己为什么能够留在这个团队里，又为什么能够做得那么开心，归其原因就是自己在做自己喜欢并且能够实现自己理想的事情。不管是我还是其他人，每个人都有自己的梦想，每个人都有为梦想奋不顾身的时候。他们对自己的职业生涯都是有一定规划的，他们有自己的理想与抱负，当一个团队集合了很多这样的聪明人的时候，你却想让每个人按照你既定好的路线去发展，限定他们发展的方向与方式，让他们做顺时的齿轮，那么可能员工中很大一部分会选择离开团队。

为什么执行过程中容易脱节？

其实现在很多团队都存在这种现象，那就是由领导“独揽大权”，他们习惯指使自己的队员去做某项工作，以自己的经验告诉队员“应该怎么做”，觉得那是为队员好，队员听从领导的指示理所应当，认为自己这样做是靠自己的经验来给队员“指条捷径”，而最后却造成队员很重的心理负担，感到领导不信任自己的能力，不信任自己为这个团队做事的那份心。队员在做任何一件事情的时候，都要请示领导的意见，自己的创意想法得不到实现，慢慢就会养成是在“给领导做事”的惯性思维，做的好了，功劳是领导的，跟自己没关系；做的不好了，责任却会是自己的，于是就会将责任相互推诿，执行不到位或是根本就不执行，糊弄领导。试问这样的队员是你想看到的吗？

站在一个管理者的立场上，凡事都要过问还要时刻为队员做“心理辅导”，造成自己本身很大的压力无处宣泄，产生孤单感和疲惫感，不可日日防贼。这句形容用在这里可能不一定合适，但是道理却是很明白的。因为每个人都有每个人的思想，你不可能时刻知道别人在想什么，所以你不能像“防贼”一样时刻提防你队员的任何异常反应。如果你非要做到“防患于未然”，将自己跟队员隔离在两个世界，那么在完成任何一项任务的时候，协作也就无从谈起，当队员不相信制度的时候，也就是执行最涣散的时候。

这些都是授权不当引发的一系列制度危机，既然知道根源，如何才能改变现状呢？那就是将你现有的“命令”改变为“授权”。

“授权”并不是放任自流不管不问，也不是将所有的制度“均摊”到每个人的头上，而是领导要起到纽带作用，去协调自己与团队、队员与团队以及团队与外界的关系，给自己的队员一个宽松发展的环境，所以授权的真正意义是：

管理者要给队员足够的执行空间

在这个多元化的社会，每个人都有自己获取信息的方式与方法，都拥有自己决策或是选择的权力。将选择的权力、执行的权力和决策的权力部分下放到队员的手中，队员会意识到团队对于他们的信任，才能建立起深厚的信任感，营造非常好的制度氛围，“授权”比“命令”更重要也更有效。

培养自己成为“唐太宗”，培养队员成为“魏征”

执行的稳固与否，关键是要看制度到位与否。作为管理者，要像唐太宗一样，能够并且善于听取队员的意见，即使是跟自己意见有悖，能接纳与自己不同的意见，才能在团队中建立起信任。要培养自己的队员像魏征一样敢于直谏，不管是怎样的想法或是方式，如果意见被团队采纳，那么在共同认可的前提下，执行的时候就不会有怀疑的因素出现，队员也自然会认真执行落实。

在执行中互相信任最重要

给队员足够的发展空间和展现的平台。你要相信自己队员的能力与思想，要在不违背大原则的前提下，让你的队员按照自己的思维去做事，“条条大路通罗马”，说不定你队员的某些思维方式与方法就能让你的团队找到更好的捷径。结果从来都是试验出来的，你要给你队员试验的机会，这样的授权不但能够减轻自己的压力，还能让队员赶到厚重的信任感，觉得自己在做的任何一件事都和团队息息相关，这件事的成败会直接跟自己挂钩。而且在这样一个宽松的环境下，自己也可以有机会去实现理想，即使不成功也能从中学到很多东西。那么队员自然也就会将集体当成是自己的，在做任何一项事情的时候，都会尽心尽力。

作为一个管理者，要协调你的团队去制定整体的规划，根据实际情况与队员做深入讨论，制定一个团队共同接受的目标并根据大家不同的特长将责任细化到每个人的头上，各司其职地去完成各自的任务，这样，每个人都在集体的任务中充当着各自的角色，自己的价值自然也就能得到体现，心理满足感会让每个队员愿意为这样的一个集体去做任何事情，在执行任何一项任务的时候，执行的问题就不再是问题了。

简单制度提高执行效率

企业制定的制度越简单明了，管理起来越方便，执行的效率也越高。

能简单的时候就不要复杂，繁琐的条例并不能证明制度制定者的能力和深度，反而暴露你的无能和不自信。一条指令可以完成的任务就无需反复下达更改指令，一步到位的制度不仅能够彰显领导者出色的才华，又能为工作节省时间。员工消化、接受、执行指令，都需要一个时间过程，如果能够下达一个简单明了的指令，员工在接受同时立即明白工作目标，就能立刻对工作进行分析，然后立即投入工作。如果员工在接受任务时反复思考管理者下达指令的意义，在执行过程中反复怀疑和验证自己的判断是否符合标准、执行方向是否正确，不仅影响速度和完成质量，还会造成不必要的麻烦。

会议型管理者喜欢召开会议，将公司面临的问题都在会议上讨论总结，询问大家意见再作最后决定，有时参与人数越多，对事情分析的角度就越多，给最终判断增添过多负担。

管理制度在会议上宣布时，应尽可能使用简短准确的文字说明，内容越有力、实用越好。在安排具体工作时，要说清工作需注意的要素、战略部署和终极目标，务必做到让员工明了。

在中国的一家韩国专业摄影公司，以下简称HKONE公司，作为一个专门从事摄影的公司，很少有发展到如此规模的。我所谓的规模并不单指企业的财力支撑。大部分的韩国影视剧中，HKONE公司都参与一部分影视制作，这在我国是绝对不存在的，不是影视公司而是摄影公司，想参与到影视剧的制作是很困难的。

但是HKONE公司的整个管理，也是我前所未见的简单明了，尽管他们具备专业的剪辑团队，却从不插手视频剪辑工作，只做相片宣传、主角定妆照宣传等。HKONE公司的经营理念很简单，就是为顾客提供最满意的摄影作品。公司内部绝不允许越级越部门参与制作，每个部门都有专门负责的工作，并且不与其他部门重叠。公司主要分为两个部分，一部分致力于影视方面的拍摄，另一部分着重普通大众。一切工作都以简单便捷为宗旨，大多数国内影楼需要经过预定、拍摄、选片、后期制作、成品。这其中还要经历多次修改，影楼、摄影师和顾客之间常因为想法不同，反复在相片上进行改动。HKONE公司则一切以顾客为基准，从选择背景、模板到拍摄，都由顾客实现选定，与接待者商榷好风格后进行拍摄，杜绝边拍边改或者想法不统一造成的负担。

在公司制度管理上，HKONE公司提出“会议绝不超过半小时”、“工作绝不带回家”、“做好本职工作后再来提意见”。管理者绝不在会议上占用员工过多的工作时间，总结性会议针对问题直接严明，杜绝自我反省自我检讨的过程，有错误无论老板还是员工，只要一句话能够指出，就可以获得奖金，凡事拖拉也会立即被辞退。

很多企业在面临庞大的业务，纷繁复杂的制度时，总觉得力不从心，不仅老板觉得吃不消，员工工作起来更是身心俱疲。究竟是企业能力不够，不足以胜任业务，还是制度太多反而被习惯性思维禁锢了改变的脚步？有时候问题不是挡在前面，而是想在前面，员工执行时总是受到这样那样的管理条例限制，制约着执行的效率。阻碍没有发生之前就因为想得太多而停止了前进的脚步。其实想要管理好自己的企业，朝着一个方向高速发展，就要像下围棋一样，在简单的规则面前实现各种路数的变化，抛开过多的束缚，要么包围别人，要么突出重围。

有时候在制定管理制度时，管理者思考过于复杂，将制度筹划得过于严密，往往员工还未想到的事情，公司管理者就提前预防写入了管理规定中，反而给员工提了醒。如果能够确保员工热爱本职工作，全身心投入到工作中，企业又何愁员工迟到、拖延等弊病。

要求得过多有时候也会产生负面效果，防患于未然很重要，但是企业管理不要裹脚布一样的明文规定，与其让员工花费精力了解企业的规章制度，不如强调企业的执行力和行动速度，将员工的积极性调动到最高点，鼓励员工的工作热情，主动的力量在任何时候都远远大于被动的力量。

在整个企业中，员工都能充分诠释自己的职责，术业有专攻，各环节效率都高的情况下，整体效率也随之迅速提升。

HKONE 公司内部绝对不会出现超出摄影范围内的活动，一切任务都围绕公司业务展开，有人曾建议它开展摄像业务，发展成全面的进入影视圈的文娱公司。面对韩国影视内部的激烈竞争，尽管利益是空前的，但是竞争和压力也是绝无仅有的。HKONE 公司立志在摄影行业做出自己的名牌，不会轻易扩展其他相关业务，因为它明白保持企业的单一牢固基础，稳步发展才是硬道理。

毫不犹豫摒弃官僚制度

谈起官僚主义制度不禁让我想起一则笑话：

某小偷团伙为了迎合“市场”机制，也成立了自己的企业，并且设立了不同的管理结构，按层按级开展业务。企业第一层是小偷公司的老板，即“董事长”。第二层是协同老板共同管理公司的“总经理”。第三层是总经理手下各部门的负责“经理”，如把风部门、掏包部门等等。在各部门内部还有具体的分工，分为不同的组别，每组自然要设置相应的管理组长，这是企业的第四层“管理人员”。成熟的小偷偷包技术熟练，自然要培养一部分徒弟，就是企业的“新员工”，所以成熟小偷成为第五层“管理人员”。

一次新员工在“放风”时发现势头不对，整个公司已经落入了警方的视线，即将被全面抓捕。新员工按照公司的管理制度向上级反映情况，写了一个申请交给小偷师父，要求上级领导批准更换偷盗场地，暂停一切活动，避开警察的搜索围捕。师父看后觉得徒弟的意见很正确，立即批复同意，然后在申请上画了一个圈，交给了组长审批，组长看后也在申请上画了一个圈表示同意，又将申请转交给“部门经理”批复，“部门经理”正在商讨更新的偷盗方法，接到申请后仔细分析了一下现有“市场”，随即在申请上又画了一个圈，交给了“总经理”。

一般意见能够交到“总经理”手里，基本可实行的几率很大，“总经理”在仔细阅读后，看了看三层“管理者”的批复，在上面画了个圈。带着四个圈的申请找到了“董事长”，“董事长”文化水平不高，但偷盗技术绝对一流，在“总经理”面前不愿承认自己看不懂，拿起申请左看右看，想了半天，提笔在“总经理”的圈旁边画了一个圈。笑呵呵的转头对“总经理”说：“意见提的不错，同意到奥运会去偷！”话音刚落，警察冲了进来。

简单的笑话揭示了官僚主义管理模式的危害，一级管理一级的审批制度，虽然做到了审核的严格和细致，同时也出现了在处理问题时浪费不必要的时间，繁琐复杂的层级管理就像埋藏在企业内部的定时炸弹，一旦遇到紧急危机，缓慢的升级批复浪费了第一时间处理危机的最佳机会，威胁了整个企业的效益。

官僚管理制度如同现代企业管理的脚镣，紧紧套住了企业快速决策的脚步，在市场经济迅猛发展的今天，机会很有可能转瞬即逝，这一点在金融证券行业体现得尤为明显，股市开盘到收盘只在弹指一挥间，当有效的消息不能在第一时间发挥作用，难以预估的经济损失也就随之而来。也许在一般销售型的企业里，高效的信息执行反应的还没有那么明显，因为时间耽误执行速度带来的危害还没有暴露出来，只能说明企业发展还停留在老套路、老模式的框架里，没有在世界经济体制中充分迎合市场。

在发展阶段，企业管理制度讲究功效及合理性

股东大会逐渐升级成为必不可少的企业管理机构，不仅代表拥有股东的个人，同时代表集团依附的组织力量。企业的成败关系着每个发言人的根本利益，在风险过大或市场调查不明的情况下，绝对不会因为某一人的一时冲动使公司面临风险。而统一商讨的股东大会制度，也比原有的官僚主义制度在执行决策时更为省时，并不一层一层的传达意见，避免了意见在不断传达过程中扭曲，改变原有意图而得不到理想回复。

美国曾经一度在世界经济领域处于霸主地位，而在 20 世纪 70 年代、80 年代，美国的霸主地位遭到了来自欧洲及第三世界国家的挑战。撼动美国霸主地位的因素不仅仅是其他国家的技术高速发展，逐渐追平甚至超过

美国。更重要的是美国企业的管理制度在变幻的市场中没有及时做好改革，其他国家对美国管理技能的冲击加速了美国企业的萧条。在新的竞争形势下，企业的成败在于是否具备迎合市场的新型管理制度。

企业内部设置过多的管理阶层，真正为企业谋利的工作型人员越来越少，官僚主义制度在不断商讨政策时，如果能够大刀阔斧改革，将更多无用或可替代的管理人士转化成有能力有技术的工作人员，企业很有可能在市场大潮中再重新扬帆、迎风起航。

官僚主义的层级制度在早期的企业发展模式中被信奉为最正确的管理制度

随着现代经济的不断变革，很多仍然坚持官僚主义管理制度的企业被其特有的吹毛求疵、审核严格、书面形式、纸上谈兵等特点捆绑住了前进的脚步。不但在面对激烈的市场竞争中无力应对其他企业的打击，对于企业本身显现的危机也有心无力。如果不进行根本上的改革，摒除官僚主义管理制度，企业只会在市场潮流中越退越远，慢慢消失在人们的视线里。

现代企业内部管理机构逐渐改革，从原来的单一管理演变成综合管理，企业的决策由董事会商讨决定，并不是听从一人指挥，独断专行的时代已经成为过去。从法律角度来看，公司的最高职位人是股东大会的董事长，但制定行使制度是由整个股东大会的成员股东共同完成的。即便是最大的股东想要进行一次改革，也需要在股东们的共同商讨后，得到超过半数股份的股东们的同意才能够实施。

人本管理制度激发执行热情

在最近红极一时的招聘节目中，主持人遇到了一位特殊的应聘者。这是一名转业军人，之前就职于某军区，负责后勤工作，主要工作内容是负责东北三省内对口单位的业务工作。

面对转业后的重新选择，求职者希望找到一份适合自己的工作。当求职者与主持人谈论到关于军人的执行能力时，求职者说："军人的一个特质是忍耐。但忍耐并不意味着军人失去了反抗的权力，我具备斗争的能力，但不选择斗争。军人对首长的命令本着坚决服从的原则，即使对命令不理解不明白，有时甚至违背自己的意思，但一样要执行。用部队的话就是"坚决完成任务"。至于意见我们采取保留态度，可以向上级领导汇报反映，但汇报的同时，仍然要服从命令。在工作中也是一样，有些事我觉得不对，但因为是领导安排下来的，我一样会去做。这就是绝对执行。"

在解放军队伍中培养出来的对任务、对命令的绝对执行，是一名军人素质和能力的体现。当这种执行力投射到工作中时，如何将军队的绝对执行转化成最有利于企业的执行能力，即怎样获得最好的执行，需要企业合理的人性化制度。

有这样一家公司，主要经营家具产业，因为经营不善，一度面临破产危机，就在最后关头被一家韩国企业收购。企业的工作人员都在担心会不会面临裁员，不同的管理者会在企业做怎样的改革，中国员工能否适应韩国做法？所有疑问在一年后得到了解答。

前期韩国只派来几名人员，分别安排在企业各个重要部门，针对原来管理者的失误做具体评估和分析，总结过后带着自己的团队回到韩国。在生产技术和生产设备没有任何改变的情况下，韩国第二次派来了大批管理人员，针对曾经出现的问题进行自我检讨式的改革。公司的韩国老板总是谦逊地询问员工，对公司是否存在不满，有什么公司可以为他们做的。一次技术人员金在恩的衣服上不小心沾上了咖啡渍，由于是在上班时间，需要穿着统一的工作服装，金在恩只好等待下班后再处理。老板的夫人看到金在恩的衬衫后，主动送来了一套新的工作服，替换了沾有咖啡渍的衣服，并亲自动手帮他洗衣服，这一举动让员工大为震惊，要知道在中国，老板娘给员工洗衣服的事情闻所未闻。

无疑韩国人士的注入给企业带来了一股人性化的风气，员工为了感谢老板娘对自己的照顾，拼命工作以帮助企业保持业绩。大家对企业的新制度非常满意，觉得制定的制度非常人性化，这样的企业值得员工为它效力。在短短的一年时间里，没有更改任何生产工具和设备，企业却从亏损扭转局势成为盈利的鳌头企业。

制度是支持执行的有力保障，强有力的执行要建立在全面良好的管理制度之上，严明的纪律是管理军队的制度，职场不同于军队，企业老板对公司的管理需要走以人为本的人性化管理制度。

采取人性化管理的原因很简单，企业的工作组合由基础的工作人员组成，管理企业更进一步就是对人员的管理。在管理自由灵活的职场人员问题时，就要走人性化、合理化的灵活策略。

我国军队在对越自卫反击战中曾频繁遭到敌军偷袭，越南军人不穿鞋，光着脚走路没有声音，悄悄潜入我军阵地，不采用枪支，而是配备手榴弹，这样就不会因为开枪而暴露自己的位置。受制于越南的我军制定了新的制度，就是“不动”。军人发挥坚决服从的能力，即使被打伤了也保持一动不动，每当遇到行走或者站立的可疑人员就进行攻击，一举击破了越南军偷袭的目的。

将人性抛开在制度之外的执行，是无效无用的

任何一家公司和企业最终的服务目的都是便于人类更好的生存。在企业内部管理制度上就要保证制度的人性化。企业想要做大做强，人为力量必定在事上起着绝对作用，想要制度得到员工的高效执行，就必须结合实情来合理运用，强行军事化的管理只能给员工带来更多压力，久而久之拖垮企业。高效执行的企业才是有竞争力的企业，才能在市场中分一杯羹。

每项政策和制度都要依照人来确定，更需要人去执行。在员工利益得到维护和尊重时，他们自然自觉遵守纪律，严格要求自己按照公司制度办事。

军队展现的“一切行动听指挥”不是一句口号而已，而是真正的执行

培养军人的觉悟，提高常识性知识，将制度作为执行的强大后盾。很多企业容易出现一种很奇怪的现象，企业没有制度时，管理者挖空心思想制度；有了制度，又形同虚设执行困难。正是因为这样的原因导致企业无序运转，工作效率低下。

实战案例：联想公司的制度化管理

中国许多企业面临一个特殊的难题：它们不能把股份分配给对公司有巨大贡献的高级管理人员。为此，联想集团采取了一种不同寻常的方式，

即改革所有权结构，使联想成为一家合资企业，如此就可以给所有的高级管理人员分配股份了。另外，鉴于高级管理者希望获得认可的心理强烈，联想为这些人提供了许多对媒体讲话的机会。显然，这些制度带给联想的成果是显而易见的。因为直到现在，联想集团没有一位高层管理者跳槽到别的公司。

对于一系列的制度措施，柳传志说："我们面临的制度难题是如何调动3个截然不同的群体的积极性：高级管理人员、中层管理人员以及流水线上的工人。"对于每个有着不同期望的群体，联想集团采取了不同的激励方式。

联想集团的中层管理人员希望有升迁的机会，能一步步上升，最后成为高级管理人员。所以，他们会为了自己的目标积极应对挑战，不放过任何机会展示和磨练自己的才能。对于这个阶层的人，联想也为他们确立了很高的标准，允许他们自己作出决策并予以执行。如果他们工作出色，就会得到升迁的机会和丰厚的薪酬。

流水线上的工人最注重制度的稳定。对此，联想集团又制定激励方式：如果他们认真勤勉工作，可以得到相应的奖金。另外，还把小组的工作成绩与公司或部门挂钩，把个人的工作成绩与小组挂钩。例如，联想集团经常会让小组来决定如何分配全组得到的奖金，公司不干预，只提供总的指导方针。

STEP7 打造执行文化：传递执行正能量没有不可能

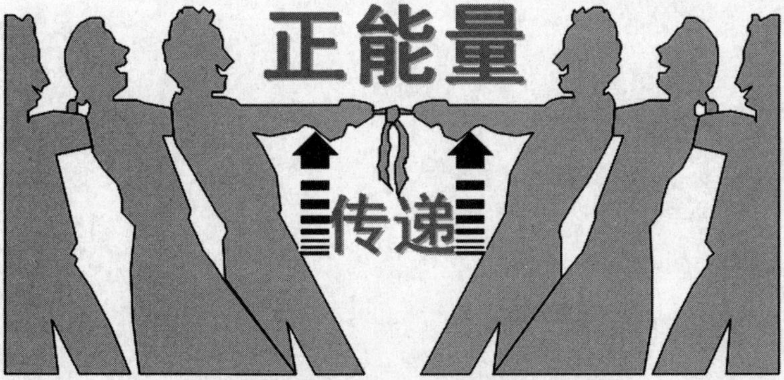

传递执行正能量没有不可能

企业是执行军团，也是文化团队

当今社会，“执行”好像成了一个流行词，大家天天喊着执行文化，企业也要求员工必须提高执行力。执行是什么？执行就是按照制度和流程办事，把企业的目标和决策作出成绩来。可是为什么企业的目标还是会像海市蜃楼一样消失殆尽呢？最主要的原因就是没有形成统一的执行文化。

卓越的企业是靠企业文化来管理，综观那些有影响力的企业，都有一套完善的企业文化传播和推广机制。大家都会在企业文化所营造的良好氛围内严格要求自己，每个人都能在企业理念的指导下规范自己的行为，这时的执行力就会在企业文化的影响下越来越强。

优秀执行力靠的是什么？靠的是企业文化。戴尔公司的创始人迈克尔·戴尔，有一次接受采访时用一段非常简单的话为我们阐述了企业运营的关键所在：“你看过乔丹投篮吗？我们都看得很清楚，我们也知道该怎样做。可是我们就是做不到。为什么？因为我们从来没有到篮球场上去亲自投篮！”作为企业的管理者，有没有认真考虑过企业执行力弱的原因在何处？谁都知道做事情要按照制度和流程，谁都知道应该按照企业文化来要求自己，但是很多管理者都不能身体力行，当好榜样，就更不要去奢望员工都能具有一流的执行力了。

企业文化决定执行力，在某种程度上可以说企业文化的制度决定执行力的强弱。企业想要提高执行力，就要营造执行结果的落地氛围，也就是说，企业想要倡导什么精神，任何员工的做法只要符合这种精神就要受到表扬，任何员工的做法只要不符合这种精神就要坚决严惩，不能因为人情而导致执行力大打折扣。

每一个企业都会有自己的团队，每一个团队也会有自身的文化。在企业中，组织一个团队并不是难事，难的是让团队中的每一个成员都按照团队的步调为实现某个目标而努力。人心各异，想要领导好团队，让大家团结协作并非易事。每个人都是一个独立的主体，都有着自己独特的价值观和人生观，为了让团队成员团结协作，共同价值观是不可缺少的。只有团队中的每一个成员都认同，都愿意为之奋斗的价值观才可以称之为共同价值观。共同价值观是团队文化的核心，是领导团队成功的关键。所以，塑造共同价值观是一个企业或团队工作的重中之重。

海尔集团总裁张瑞敏曾经说："公司发展从根本上靠的是文化，公司最根本的竞争力就是文化竞争力，公司的一切都是由文化这个核心派生出来的。"

在山东一家企业做演讲时，一个学员向我提出质疑，他说我们企业也有文化，"团结向上，铸造真诚，勇敢拼搏"就是我们的企业文化，可为什么我们企业仍然亏损呢。我环视了一周后看到在我的后面确实有几个装饰的很漂亮的美术字贴在墙上。我就请他把这几个字的内涵给大家讲一下，他却支支吾吾说不上来。

企业文化不是口号，不是标语，企业文化是每一个企业员工都必须理解并且每时每刻都要记在心里、装在脑子里的标准。在工作中，很少有人会认真思考或重视"我们企业真正的文化是什么"，而总是盯着墙上的标语去臆想"我们企业一旦拥有这样的标准那……"如果我们都不理解企业中真实的企业文化，又怎么能奢望制定出符合企业文化的共同价值观呢？

深圳华为是实施文化管理模式成功的典范。在《华为基本法》中第一章就是企业文化的核心价值观。核心价值观是一个企业存在的价值和理由，也是企业认定并宣称的使命。华为一开始就非常明白自身的价值和使命，华为知道，一个企业存在的价值和理由是为社会作出贡献，让所有相关者从中得到利益。只有让所有的相关者都离不开企业，企业才有存在的价值和理由。如果一个企业把为他人作贡献当成自己的使命，相应的，企业员工也会从中找到一种荣誉感和归属感，找到工作的意义所在。

员工工作的意义，不单单关注工资、福利、权利这些有形的待遇上，他们也会追求无形的精神待遇。企业的良好形象和企业品牌会给员工带来很多益处，员工会觉得自己在做一份光荣的事业，在为人类的幸福生活奋斗，这不仅增强了员工的荣誉感和成就感，更会使员工用积极的态度面对工作和生活。

华为也非常关注员工的福利待遇。公司里一直贯穿着“价值链”的主线，集中表现为价值创造观、价值评价理念和价值分配理念。

华为公司的价值链体现了公司价值是怎样创造的，都有哪些因素参与其中，创造价值几何，谁是公司价值的受益者，还确定出每个员工对企业价值的贡献度和价值分配额度。

企业文化关系着企业的生死存亡，关系着员工行为的取向

一个企业要想得到良好发展，一定要搞好文化建设，将员工的思想都聚合到一起、行为都引导到一个共同的目标上，形成一股巨大的合力，向着共同的目标去努力。

企业文化，是企业的灵魂，只有在共同的价值准则基础上才能产生正确的价值目标，团队成员才能为了这个共同的目标而努力奋斗。要想领导好自己的团队，构建企业文化是关键。

要想建立一个好的团队，领导好自己的团队，都离不开企业理念、共同价值观的构建

构建团队成员的共同价值观，可以使团队成员紧紧抱在一起，一荣俱荣、一损俱损。要想组织一个成功高效的团队，离不开企业文化；要想领导好团队，离不开企业文化。企业文化可以提高团队的创新力和凝聚力，是团队建设的基础。共同价值观是衡量大家工作的一把尺子，只要价值观是正确的、是团队成员都认同的，那么，不管外界环境如何变化，团队都能够朝着一个正确的方向有序前进。

如果一个企业没有建立健全企业文化，没有找到团队成员的共同价值观，员工的思想不能统一，团队成员就会出现"各人自扫门前雪哪管他人瓦上霜"的现象，自然会损害到团队的利益。

营造良好的文化氛围

这样做的目的是让大家按制度办事、按企业理念办事。很多人会说，哪个企业能没有管理制度呢？是的，中国企业最不缺的就是制度了，在一个企业成立之初首先要做的就是制定出企业的规章制度，但是制度再多再完善，没有人按照制度办事，也是空谈。每一个企业都要求员工不能迟到，但是在中国企业中迟到现象屡见不鲜、屡禁不止。这种问题出现的原因是什么？是由企业的文化以及企业所营造的氛围决定的。

执行文化的核心是塑造企业成员的共同价值观

没有共同价值观的团队是没有凝聚力的。正如个人的价值观会影响一个人的行为和思想，共同价值观也同样影响着团队的行为和思想。当团队中出现了矛盾、冲突和争论的时候唯有团队的共同价值观才能化解。共同价值观是一个团队运作的基础。

在如今这个信息发达、瞬息万变的社会中，企业的竞争事实上都是执行力的竞争，因为不管出现什么新的管理模式或方法，在很短的时间内都会出现众多的效仿者。所有执行力的竞争归根结底还要归结到人的竞争上来，只有文化才能改变人的意识从而引导人的行为。企业成败的关键就在于有没有建立起一种执行文化。

共同价值观已经成为关乎企业生死存亡的关键所在。有了共同的价值观，团队成员就会为了共同的目标团结协作、互相帮助、互相支持。

执行本身就是一种文化

高效执行力源于信仰的力量，它是左右企业成败的关键所在，也是企业之间区分“平庸”与“伟大”的重要标志。那么，信仰源于什么？它源于这个公司的企业文化，或者说是近乎教义一样的文化信仰。

大部分企业在文化的建设方面，通常只是说了几句新颖、独特的口号就自我满足，或写出来几篇感人至深的品牌故事就称之为文化。更有甚者，管理者站出来进行一番慷慨激昂的演讲，便谓之为“文化”。其实企业文化具体是指在企业中长期形成的共同思想、作风、价值观念和行为准则。真正强有力的文化能促进企业员工执行力的提升与体现的效果。

IBM在很多地方都类似一个教会。它把自己的企业信念制度化，像《华尔街日报》曾经指出的一样，IBM的文化影响极为深远，以至于员工离职的时候，甚至认为离开这家企业就像移民一样。还有可口可乐的员工，尽管离开这家公司很多年，却依然对企业文化保持着忠诚的信仰。他们依然坚持认为可口可乐公司是世界上最好的公司，可口可乐的销售技巧是最好的，最正宗的可乐就是可口可乐而不是百事可乐，甚至坚持只喝4℃的可乐并始终认为那是最好的口味。

多么可怕的企业文化！但是，也只有这样的企业文化，才能造就对公司无限忠诚的员工，只有这样的企业文化才能让工作任务等同于人生使命。

企业文化从何而来？

执行力本身就是一种文化

我常常不理解那些整天试图挖掘“个性文化”的企业，它们犯下最大的错误便在于没有把执行当作企业文化的一部分，只顾着空喊口号，却不去行动。

文化不是空谈战略，也不是炫耀企业业绩，而是反映细微的现实，是企业每一个执行细节的具体研究。没有执行文化的企业，其他一切文化的建立不过是一具经不起风吹雨打的空壳。

完美的企业文化仅仅依靠创办者的影响是远远不够的。企业文化之所以能够成为信仰，是因为它来自历史，在总结现在的同时还畅想了未来

企业文化是一种提炼出的精华，需要不断被加深印象，从管理层到员工，要不断宣导、复制、灌输企业信仰，还需要切实的身体力行。

很多企业的文化都深受公司创办者的影响

在1866年，美国新港新闻造船和码头公司的创办人杭亭顿曾经这样说："我们要造好船，如果可能的话，赚点钱；如果必要的话，赔点钱。但永远要造好船。"而对于他的员工们来说，这句话就是信仰。直到1987年，这段发言还经常被公司的副总裁引用并镌刻在公司最显眼的地方。

企业文化的认同要从招聘开始

企业需要招募的必然是认同企业文化的员工，而不仅仅是才能出众的员工。即使再出众的员工，如果不认同企业文化，那么在执行的过程中也不会有很强的执行力。执行不是空谈，执行是一种动作，是体现于细微并且非常现实的。

对于企业文化的宣扬来说，最有价值的就是身体力行的复制

企业文化不代表上司，但上司的身体力行绝对能够让企业文化深入人心。很多企业内部，各部门之间之所以各自为政，是因为企业的文化和信仰并没有有效渗透，而是在不同的部门内形成了不同的"文化和信仰"。每一个观众心里都有一个哈姆雷特，每一个上司和管理者都坚定自己的风格才是部门的风格。这种自以为是的风格确立让企业文化分崩离析。曾经有一个关于零售企业的调查，调查内容是员工工作环境的评估，结果一项关于员工所拥有的条件和设备的调查结果显示，硬件完全一样的两家店却

有高达30%的差异！显然，这些都是部门分化的特征。

不是每个部门都能很幸运地碰到好的管理者，不是每个好的管理者都能较成熟地塑造企业文化，也不是每个好的企业文化都能得到贯彻和宣扬。企业文化是一个整体观念，是一个大的观念，而不是部门的、小的理念。

一个企业想要成功，单靠幻想是不行的

比如可口可乐，尽管它的分销网点已经是全球最大的，但它的管理人员仍旧会在马路上问一位老大妈为什么不去购买它的产品。知名化妆品品牌欧莱雅的CEO会在商店里仔细观察每一个竞争品牌的柜台陈列，尽管欧莱雅在销售绩效上早已把这些竞争对手击败。

企业文化深深影响着执行，所谓执行，也就是每一层的管理者和员工都依照公司的文化标准去判断和实施一件事情。大型购物连锁超市沃尔玛的创始人山姆·沃尔顿非常勤俭，他寒酸的办公室，体现着其成本观念，也时时刻刻体现着企业对成本控制要求的严格执行。如果企业想要员工做到什么，那么就从管理者自身开始吧！要知道，连自己都不相信的口号，没有人会傻得奉为信仰。

结果导向文化加快执行步伐

时间无异于一把锋利的“双刃剑”，对有的人来说，时间除了给他们留下皱纹，没有产生任何作用；而对于另一种人来说，时间的沉淀让他们渐渐变得越来越成熟，越来越趋向完美。

自身的成长也是一种结果，只有追求这个结果，才有资格获取所有美好的结果——无论是工作或是生活上的。因此，作为管理者你需要每天都关注自己是否进步，每天都鞭策自己奔走在获得结果的、执行的道路上。

有两个小故事同大家分享：

其一，齐天成是某家专卖店的主管，他学历不高、性格内向，不过在维修技术上相当不错，资历也很丰富。老板的意思是让他能够逐渐接手更多的工作，担任更多的责任。于是，老板对齐天成说："小齐，有空不要只知道打牌，抓住时间看看交流、处事、领导方面的书，对你有好处。"

齐天成平时活比较多，做完以后为了放松，经常玩牌。听领导这么说，自己也觉得应该改变一下。于是，他到图书馆办了张会员卡，借阅了不少相关书籍。在知识的浸润下，齐天成的素质提高，人也逐渐变得更加沉稳起来，不仅仅只擅长维修。不久，齐天成就被提拔到技术经理的位置……

其二，每天上班的前五分钟，是老板秘书徐希娴和自己对话的时段。

这个时间段内，她会什么都不做，安静地在办公桌前思考今天要做哪些事情。比如，今天负责联系A客户，她会提醒自己，A客户喜欢直接在电话里把事情说清楚，而自己措辞有时候不注意就会说长，一定要注意控制时间，避免客户的反感；还有，过几天B客户要从外地过来，迎接的宴会酒店还没定，B客户信仰伊斯兰教，这个饮食忌讳一定要弄清楚；另外，公司员工的奖金考核最近要结束了，自己要及时去沟通联系，不能一忙起来把自己家员工切身利益的事情给耽误了，会影响到工作气氛。

这样的对话，每天她还会进行两次。通过自我监督和调整，在秘书这个位置上，她做得一直很出色。不少公司其实都在偷偷接触她，想要挖走她……

学会怎样监督自我是最重要的，只有按照个人特点和任务的区别同自己进行对话，才能保证任务执行成功。

而第一个故事中，齐天成如果不在上司的暗示下接受改变，可能会一直担任普通的维修主管角色。正是因为他以结果为导向，看到了自己的不足，因此才接受改变，充实自我、提高自我，最终得到升职的奖励。

不要因为阻碍而感到恐惧选择后退，不要因为压力而感到疲劳选择放弃。应该相信，自己的成长是一种命中注定，也是一种自然发生的事情，抗拒成长的人是愚蠢的，他们永远活在昨天和当下，而接受成长并努力打造自我的人才是智慧的，他们明白只有更完美的自我，才能加快执行步伐，贡献出更完美的结果。

从小事做起，不放过任何机会

“泛娱乐化”现象表现得越来越严重，也体现在职场工作上。比如，越来越多的人信奉“一夜成名”、“潜规则上位”等等不良文化，而拒绝做好本职工作、做好小事情。其实，最浅显的道理是，如果每个人都能靠非正常途径达到自己想要的地位和报酬，那么这个企业还能存在吗?

因此，管理者更应该少一点异想天开，多一点脚踏实地，尽自己所能做好每件手边的小事情，不要放过任何机会来使自己趋于进步。

每天鼓舞，让自己接受一切改变

每天记得鼓舞自己，无论是起床时在心中对自己的加油，还是休息懈怠时给予自己的批评，都是不同形态的自我鼓励。通过这种鼓励方式，能够帮助管理者获得更为强大的执行动力。这种执行动力并不仅仅来自于物质奖励的刺激，或者来自于工作职位变动的虚荣，其最基础的来源是内心的荣誉感和责任心。

和自己对话，打造上进的内心

做到始终追求变革提升并不容易，因为这个执行过程不仅是对意志的一种考验，同时也存在不同方法的运用问题。如果管理者想让自己具备更坚强上进的工作品质，就应该适当和自己的内心进行对话，督促自己不断自我反省、改变缺点，发挥原有的优秀长处，力求累积进步，以结果为导向，在执行过程中形成更好的自我。

没有不可能，除非你有借口

在执行文化中，没有不可能，除非你有借口不去执行。

在现代企业里成长、发展，早已不再是“适者生存”的大背景，而是“试者生存”。

一方面，上级判断你是否能胜任一项工作，往往先看你是否敢于主动尝试。能尽职尽责地如期完成任务，只能称得上是合格，但绝不是优秀。如果将一份80%难度的工作摆在你面前，你却不能明确向领导表明你的态度，而是唯唯诺诺不敢尝试，领导又怎敢把重任交付于你甚至提拔你呢？另一方面，很多员工在企业做事多年却得不到发展，70%是自身问题。换言之，企业里有很多适合员工发展的机遇。只是，面对机遇的大门，很多人不敢推门而入去尝试，他们认为自己身上有许多不足，想着万一失败遭上级责备怎么办，于是拒绝进入那扇门，与成功擦身而过。

其实，在任何组织机构里，成功都青睐那些敢于尝试的人，主动告知老板“我能胜任”的人，往往会取得成功。

秦飞妮是某知名保险公司的推销主管，这天，她第三次敲开了一家外企公司经理办公室的门，前两次的拜访都失败了，这次外方经理依然毫不犹豫地拒绝了她。只是，秦飞妮发现对方甚至把自己的名片丢在了垃圾桶里。秦飞妮很生气但还是告诉自己：无论如何也要继续尝试，不试哪知道行不行？她鼓足勇气对经理说：“既然您忙得都没有时间看，请把名片还给我。”经理一愣，因为他已经把秦飞妮的名片丢掉了，于是说：“你的名片值多少钱，我加倍补给你。”秦飞妮一听更气了：“我的名片只有1毛钱，所以我最后给您一张，但请您明白，这不是一个应该丢进垃圾桶的职业和名字。”说完秦飞妮就走了。路上她还在想：这下完了，花了好几天做的单子还是泡汤了，看来可以直接回去辞职了。

没想到，那位外方经理第二天就打电话给秦飞妮，说要给公司全体人员买保险。秦飞妮喜出望外，这笔价值1500万元的大单让她一举夺得当月全公司的销售冠军，并被破格录用，成为公司上下备受欢迎的经理人。

可见，工作不会迁就我们，与其等待着被要求达到某项业绩，不如立刻行动，勇敢尝试，告诉自己没有什么是不可能完成的！

更多时候，不是不可能，只是暂时没有找到方法。

如果管理者已经习惯说“这不可能，那不可能”，那么，这样的“不良氛围”就注定他们很难在竞争的大潮中获得成就，他们一定会被那些遇事持积极思考态度，不说“不可能”的企业和员工打败的。

那么，管理者应该怎么做呢？

试着创造困难，提高胜任力

尝试的最终目的是为了胜任、脱颖而出。所以，徒有一颗挑战的心还不够，还要有一颗善于解决难题、提高胜任力的头脑。要想做到这一点，就要学会“创造困难”，但并不是说管理者一定要把自己逼到死角，让工作因为重重阻碍无法推进，而是主动寻找解决难题的时机，并且最好“先难后易”，当你能够游刃有余解决难题的时候，还会怕简单的问题无法不攻自破吗？

在企业管理过程中，管理者总是会遇到许许多多的困难和这样那样的问题，不能因为有困难就放弃、有问题就逃避。以前的人一定认为“水不可能倒流”，那是因为他们还没有找到发明抽水机的方法；现在的人也一定认为“太阳不可能从西边出来”；而未来的人一定会说，那是因为没有找到让人类居住到另外一个“太阳正好从西边出来”的星球上的方法而已。不要给自己太多的框框，不要总是“自我设限”。

消除心理压力，不怕被拒绝

很多时候，管理者自身的潜力到底有多大、成事的可能性到底有多大在没有尝试之前是无法判定的。而更多时候，我们往往是因为心理上的某种压力和恐惧以至于自行掩盖了生命中应有的光芒，很多潜能还没有被开发就胎死腹中。所以，管理者应卸下心理包袱，不怕被拒绝，努力尝试第一步。

不断追求更高定位，挑战“不可能”

任何一名优秀的管理者都不会也不应安于现状，随着工作的推进、事业的发展、眼界的开阔，应该学会不断追求更高的定位、制定更高的标准。我们经常看到很多年轻人一腔热血地开始奋斗，却总是在半路停下脚步、无疾而终，或安于现状，或漫无目的游荡，完全不抱着“试试看”的心理去挑战所谓的“不可能”，最终只能长时间做一名庸庸碌碌的普通管理者，很难成为职场中的赢家。相反，那些有所作为的一流执行官，总是善于挑战“不可能”的“职场圣斗士”。记住，不断追求、不断挑战，将是你孕育成功企业文化的支点。

打造执行文化，传递正能量

在这个竞争激烈的社会，企业之间的竞争已经慢慢转向了企业文化的竞争，企业文化是决定企业成败的关键。可是要怎样建立企业文化？怎样让团队成员都向着大家都认同的、积极健康的、能够给大家带来利益的方向前进呢？

多数管理的失败，是由于没有建立起一种执行文化，而无法充分发挥自己的潜力所致。对于团队文化建立的先后主次问题，很多企业家都不知如何回答，因为他们也都是摸着石头过河，根本就没有找到一个合适的答案，也无法获得执行的正能量。

一个学员曾经问我：“我发现我的企业中确实存在文化缺失的现象，

但是我现在又不知如何是好。面对文化缺失现象，我是先建立一套完美的企业文化，然后将这个文化推行下去，还是在实践中去完善现有的企业文化呢？”对于制定完美的企业文化我个人认为不太现实，太过于理想化，没有人能够仅凭想象就能设计出完美的企业文化。而对于第二种选择我也不太看好，在实践中逐步完善确实是一个不错的主意，但是现在竞争压力那么大，可能没等企业文化完善好就已经面临倒闭的危险了。

这不是一个个别的问题，很多管理者都会有这样的疑问。如何迅速地完善企业文化并推行下去是企业者非常关注的问题，也是管理者亟须解决的问题。就像我刚才提到的那样，第一种方案不免有些脱离实际，第二种方案又受时间的限制，那应该如何去做呢？可以考虑把两者结合起来。对于企业的核心管理者而言，虽然不能对企业文化中的细节问题把握得那么清楚，但是对于企业文化的整体架构还是可以掌握的。在这样的基础上，可以先制定出符合企业整体发展的大致方向推行下去，然后随着在实践中的运用、检验，完善出更好更强的企业文化来。

管理者应做好基础现状的分析

现实中，往往越容易建立出来的文化越难被执行，作为管理者，首先要认清形势，而不是盲目建立企业文化。

企业建立企业文化、推行企业文化的目的是提升团队的整体执行力，真正能够帮助企业提升整体执行力的文化又隐含在广大员工的工作细节之中。只有深入、细致的调查才能保证企业文化符合企业人员的共同价值观，才能提高企业的整体执行力。所以，在塑造企业文化之前，管理者必须踏踏实实走入基层进行调查研究。

管理者应在实践中不断补充和完善企业文化

随着员工不断适应企业文化，管理者可以逐步把基础的企业文化一一推行出来。在这个过程中，要经常找员工探讨企业文化的设计问题、梳理流程等。因为随着时间的推移与企业管理的发展，以往的制度往往会出现不符合现实的方面，如果不能及时找出来并作出相应调整，就会造成企业文化的实施不力。

企业文化不能一蹴而就，或者照搬照抄其他优秀企业的企业文化，毕竟，企业与企业之间是不同的，而且明星企业中的企业文化也是在不断变换的。企业文化的塑造要以本企业的实际情况为依据，要分先后和主次。

管理者应做好企业基础文化的搭建工作

当管理者找到了管理中的问题和原因之后，要对症下药，塑造出更准确、更高效的企业文化。这是企业文化建设的关键阶段，离不开企业员工的广泛参与。任何人都不喜欢让别人牵着自己的鼻子走，强制自己做事情。让员工参与到企业文化建设中，不仅有利于员工对企业文化的构建出谋划策、全面了解，更有利于企业文化的推行。因为提升企业整体执行力的关键隐含在员工工作细节之中，所以，也只有员工才能找到矛盾的焦点，找到企业文化的核心问题。但是管理者一定要坚持企业发展的大方向不变。

再次是企业核心文化的推行工作。在制定了初步的企业文化后，就要开始选择最核心、最广泛、最常用、最容易推行的几条内容进行贯彻实施，由此来引导员工的思想和行为。

高效执行文化建立三要素

“制度、环境、激励”三要素是企业文化建立的过程，也是建立文化系统的过程，三者相辅相成、缺一不可。

企业文化是企业的核心竞争力，多数失败的企业都是因为企业中没有建立起一种强有力的执行文化，从而阻碍了企业的潜能发挥。如何建立企业文化已经成为大多数企业面临的重大难题。

企业文化的建立需要一个健康有序的过程，不能看其他企业的文化制度好就照搬照抄，为我所用；也不能写几条团结向上式的标语来充当企业文化。企业文化的建立是一个由团队粗文化到系统文化过渡的过程。那么，如何才能建立一个强有力的企业文化呢？在回答这个问题之前，我先给大家讲一个有关猴子和香蕉的故事。

众所周知，猴子喜欢吃香蕉，如果当实验人员把3只猴子（为了方便讲述，暂且把猴子们叫做猴1、猴2、猴3）关到一个挂有一串香蕉和装有喷水装置的屋子里时，猴子会立即跳起来摘香蕉。但是一旦有猴子碰到香蕉，屋子就会下起雨来，所有的猴子都会在此时被水浇。

不出所料，猴子们一看到香蕉就特别兴奋，猴1最先跳起来，可是当它刚碰到香蕉屋子里就下起了大雨，猴子们不明白是怎么回事，接着是猴2、猴3，每次都会换来一顿雨淋。

在被浇了几次后，它们终于明白了摘香蕉就会被雨淋，不摘香蕉大家就会安然无恙。但是猴子们哪里管得住自己，猴1忍不住去碰了那串香蕉，大家又被雨淋了。结果，这只惹祸的猴1就成为另两只猴子的出气筒，挨上一顿暴揍。又过了几分钟，猴2也忍不住碰了一下香蕉，同样的猴1和猴3也跑过来暴打猴2，其中，猴1打的最起劲，用的力气也最大。

这样的事情就在屋子里不断上演着，不过随着时间的推移，猴子们不再碰那串惹祸的香蕉。

从这个实验来看，猴子们碰不碰香蕉受它们意识的支配，而不要碰香蕉是一个行为规范，碰香蕉后被雨淋是一种惩罚措施。这仅仅是文化的初始阶段，是一种简单的制度措施，是粗文化的形成阶段。这种简单的制度可以引导意识向着被要求的方向发展。制度是企业文化建设的基础，是企业文化建设的第一步。但是这时候的员工仅仅停留在被动接受阶段，一旦制度混乱或处罚机制变更，企业文化的建设就无法进行。

现在接着做实验，当这3只猴子不再碰香蕉以后，不改变原来的设备，把猴1放出来，放进去另外1只猴子，在这里简称为猴4。

猴4进到房间以后，发现气氛不对，因为猴2和猴3害怕猴4碰香蕉而害大家被淋雨，所以都紧紧地盯着猴4。但是猴4并不知道是什么原因，它环视了一周，发现房顶上吊着一串香蕉，还没等猴4跳起来摘香蕉，猴2和猴3就跳过来把猴4揍了一顿。但是猴4不知道自己为什么挨打，后来，它发现自己看别的地方没事，一看香蕉就挨打，它明白了，香蕉是不能看的，一看就挨打。

于是，猴4坐下来，好好盯着猴2和猴3，终于，猴2也看了一眼香蕉，猴4马上跳过去把猴2暴打了一顿，猴3也跳过来打猴2。

屋子里的这3只猴子就开始互相观察，只要谁看一眼香蕉就会被暴打。就这样持续了一段时间，房间里只剩下了暴打，却再也没有下过雨。

接着，实验人员又把猴2和猴3分别换了出来。房间里的猴子都没有被雨淋过，它们根本不知道碰香蕉和淋雨的关系，但是它们都有一个共同的认识就是不能看香蕉，只要看一眼香蕉就会被另外两只猴子暴打。

可以明显看出，这个时候的猴子要比前面的猴子听话了很多，即使没有了制度，没有了惩罚措施，它们也会形成统一认识。那么，怎样才能形成统一的认识呢？

制度可以让人们产生一种自然的被动的感应

人们认识世界的第一个层面是靠感知，制度可以让人们产生一种自然的被动的感应，通俗来说就是一种条件反射，这是制度可以做到的。人们认识世界、接受外界信息的第二个层面是心理，这是一种相对较为复杂的思维过程。

环境是整个企业文化建设的主体

拿踩草坪这样的事件为例，即使一块草坪上竖着“小草也有生命，请爱护小草”的标语，但是如果草坪已经被踩出了一条路，就会有更多人无视标语，从草坪上走过去。可是在一块修剪得非常好、长得非常茂密的草坪前，很多人虽然会因为路太远而大发牢骚，却也不会在众目睽睽下公然踩踏草坪，这就是环境的作用，能够让人们被动地产生一种情感。可见环境是整个企业文化建设的主体。

不管是制度还是环境都是一种被动的措施，都不能激起员工的主观能动性。决定一个人成败的重要因素还是要靠主动，靠自身的意识。这就是人们认识世界、接受外界信息的第三个阶段，也是系统文化的形成阶段。

激励能够让个人产生主动的意识

激励能够让个人产生主动的意识。俗话说："重赏之下必有勇夫。"只有让员工感觉到从中所获得的价值，他们才会心甘情愿去工作，才会把工作做好，个人的执行力才会得到大幅度的提升。

制度的作用是把人们错误的意识纠正过来，让员工知道怎么做是对的，怎么做是错的，让他们向着团队共同的目标前进。

在制度的前提下，环境能够进一步促进员工的意识向团队所希望的方向发展，促进团队意识更加靠近理想意识。

在制度和环境被团队成员接受的前提下，激励激发了个体意识的主动性，让员工的意识从被动接受到主动发挥，让个体意识进一步转向了理想的方向。

实战案例：健全企业文化

企业要想发展，靠的是员工；企业要想盈利，靠的是员工；企业执行文化的提升，最关键的因素是员工；企业的战略计划能够得以实施靠的还是员工。可见，员工在企业中的重要作用。任何企业的发展都离不开员工的付出与努力，要想给企业一个美好未来，首先要给员工打造一个健全的企业文化。

每一个人都会做有利于自身的事情，每一个员工都渴望得到重视，得到应得的报酬和奖励。但是很多企业并没有形成公正、公平的企业文化，往往实行“大锅饭”政策。不管员工干的多还是干的少，干的好还是干的坏，为公司贡献了多少，所拿的工资和奖金是一样的，甚至还有很多企业设置奖金也采用“轮庄”、“抓阄”的方法来评选，更有甚者，还会因为“人情”问题使员工得到不平等的待遇。

这样的文化制度不仅不能提高员工工作的积极性，还大大打击了他们，造成优秀的员工要么跳槽，要么也向其他人学习，做一个能偷懒就偷懒、能拖延就拖延的人。

我在广东工作的时候，一个朋友找到了我。他一见到我就像见到救星一样，抓住我的袖子就跟我唠叨上了。他们是一家合资企业，前段时间因为管理不善，给公司带来不小损失，于是公司重新制定了一套系统的规章制度，要求特别严格，惩罚也非常严厉，但是在实施过程中却遇到了难题。销售部的主管因为个人疏忽，给公司带来了巨大损失，如果按照新出台的政策来处罚的话，影响会很大。而且这个销售部的主管是外方股东的亲戚，中方管理人员害怕得罪了外方股东，迟迟不敢下决定。但是，不处罚，又不能服众。本来公司就处于前段时间的阴影之中，企业员工又认为这些铁面无私的新政策是充门面的，过不了几天也就没什么用了。而且现在对外方股东的亲戚网开一面，那以后的工作就更难做了。

听完他的话，我告诉他：“一定要按照制度办，绝对不能手下留情。不管是中方老板还是外方老板不仅不会指责你，还会夸奖你做得好呢！”

他回去后，真的严格按照规章制度处罚了那个主管，企业的其他员工也确信了制度不是说着玩的，是真真正正要实施的。他们的积极性一下子提升了很多，我朋友的工作也变得越来越顺利了。

如果一个员工犯了错误，其他成员都知道按照规定他应该得到什么样的惩罚，而管理者却采用温和的做法提醒一下便原谅了他的错误，那等其他员工再犯错的时候，你也就无法处罚他了，渐渐的员工越来越猖狂，领导者的刀口却越来越迟钝，直至最后无法管理团队。

企业想要提高执行力、竞争力，必须建立健全企业文化，如严格的公司制度，公正、合理的评价体系，注重实际的奖惩制度等。只有对员工的行为作出令人信服的评价，并依据相应的制度给予升职、加薪、降职、减薪等决定，才能让员工自觉去做事，才能提高他们的执行力。

有一次，我在广州一家外贸公司做演讲时，他们老总告诉我，自从公司越做越大后，他变得越来越累了，因为他总觉得把事情全部交给员工做不放心，所以不管是采购、技术、生产还是品质、物流、宣传都要亲身参与，把自己弄得筋疲力尽，可是他发现企业的状况不仅没有变好，反倒越来越糟了，只要他不在的地方总是麻烦不断，这让他头疼不已。

有很多管理者都认为，公司是老板辛辛苦苦建立起来的，我必须让企业的每一个动作都在我的眼皮子底下进行。所以，他们事必躬亲，什么事都要参与，什么事都要关心，把自己放在造物主的高度上，制定企业文化不是参照企业文化的需求，而是按照自己的意志去制定，员工不再是企业文化的参与者和创造者，企业成为企业老板的独有文化。这种做法是错误的，企业管理者根本没有真正理解企业文化的意义所在。企业文化是指企业在市场经济的实践中，逐步形成的为全体员工所认同、遵守、带有本企业特色的价值文化。企业文化应该是企业老板和员工的共同文化，员工才是企业的主体。只有被员工所遵守所认同的文化才能真真正正贯彻下去。

企业要想建立企业文化，就要让员工成为企业文化建设的参与者与创造者，企业文化的培育过程需要员工的积极参与和配合。企业中管理层的一个重要工作就是让员工认同企业文化，并把企业文化转化为自己的工作行为。只有使员工接受企业文化，让员工自身的价值体现与企业目标的实现结合起来，企业才能取得成功。

STEP8 培养执行团队：各方支持助跑执行更给力

执行不是一个人的事，培养执行团队

别忘了身后还有团队的支持

对于管理者来说，一个人的精力十分有限，对各项工作事宜不可能做到面面俱到。所以，一个优秀的管理者需要学会将不属于自己职责范围内的工作分配给下属员工去做。管理者主要是统筹全局的人，是为下属指导工作方向的人，而不是在所有工作细节上亲力亲为的人，这一主次关系需要明确。别忘了，你的身后还有团队的支持。

2012年春季，我在温州被邀请为朋友爱德华参加在浙工贸进行的5000米长跑比赛呐喊助威。爱德华爱好运动，尤其锻炼耐力的长跑是他的最爱，而我对运动却不是十分爱好，可是这场长跑决赛给我留下令人难忘的场景：在窄窄的跑道上，爱德华和他的朋友徐卫华正与一个被称为"长腿战将"的意大利籍温州华人陈子墨抗争。

陈子墨从边上跑到了前面，但当爱德华和徐卫华开始加速时，陈子墨被甩在后面。陈子墨并没有显出焦虑的神情，一直以一种平和的状态跟在爱德华和徐卫华后面，在离终点还剩下10圈的时候，他排在第七，却继续保持匀速，这时我都不禁替他着急起来。当比赛还剩下5圈时，他跑在爱德华和徐卫华后面，处于第三。后来，陈子墨加速超过了徐卫华，比赛成为爱德华与陈子墨的直接对抗。

在跑到倒数第2圈的时候，爱德华试图甩掉紧追不舍的陈子墨，但终究因为体力原因没有如愿以偿。在需要冲刺的铃声响起时，爱德华想借助转弯处加速超越，但经验十足的陈子墨也做出同样动作。就在这时，被大家遗忘的徐卫华跑上来了，他紧贴着跑道的内侧，大步跑着。到最后100米时，徐卫华从外侧开始加速，我看到一幅意想不到的画面：徐卫华领先陈子墨一步，首先冲到了终点。

比赛后，爱德华不顾虚脱的身体欢呼着，仿佛这个第一名的奖牌是他得到了。后来我才知道，原来打败“长腿战将”是他一直以来的期望，但由于腿部条件的先天差异，屡战屡败，“长腿战将”一直保持着第一名的战绩不败。这次徐卫华以微势战胜陈子墨，实现了爱德华的心愿。

把想得到的目标交给擅长它的人去做，结果一定会圆满。管理者要会用人，善于用人，因为人才是执行团队的关键灵魂。运动精神同样适合管理者，在某种意义上，管理者的作用性在于用人的恰当性、安排事物的合理性，管理的闪光点就是用人的艺术。能够使用主观能动性，汲取众人的意见精华，这才是智慧的管理者。企业不需要管理者是十项全能的运动员，只需要一项，就是整合策划安排的能力。

在很多企业中，仍然存在管理者忙得不亦乐乎，胡子眉毛一把抓，这是对工作负责的态度，但却不是精明智慧的管理方法，从另一方面也体现出对下属的不信任感。这种管理方法会导致下属活跃力不足，无所事事。如何有效为下属分配工作对管理者来说变得越来越重要。

明确工作时间、内容和方法

每项工作都有需要完成的时间，管理者需要根据工作难易程度和员工自身评价设定工作完成时间。将工作细节内容全盘告知下属，不能有遗漏、误差。在管理者心中有较好的处理方法时，可直接向员工表达，或者以讨论商议的形式表达，这可以节省大量工作的完成时间。

指定胜任工作的人

在指定工作人员前，需要管理者对下属人员有非常完整的评价体系。哪些员工做事认真仔细，哪些员工富有创新精神，哪些员工适合做单一的工作。在精细的判断后，就能根据工作性质分配给适合的人，这对工作尽快较好完成是非常重要的。

筛选出可分配给他人的工作

作为管理者，原则上可以将任何工作分配给他人处理，但这是没有头绪、不科学的方法。认真筛选各种工作，根据其重要性、特殊性、复杂性进行全方面分析。需要注意的是管理者要具备能预期工作结果的能力，在不能确定结果前，不要轻易将工作分配出去。

适时检查工作进展

在员工处理工作期间，管理者可不定期视察，视察不仅是看员工完成工作的进度、程度，而且要看员工有没有遇到不可解决的困难，注意倾听员工的反馈意见，以便对工作掌握更全面。检查工作频率不要过于频繁，这会打扰员工工作思维，一般来说每周一次的频率最恰当。

进行工作分配

根据前几点的准备工作，接下来就可以分配工作。严格按照工作分配计划表实施，如遇突发状况也可适当修改，但不能破坏整体工作效率。在分配工作时，要发挥管理者精神鼓励作用，给下属最强大的信心，激励他们将工作完成得更完美。

制定分配计划

做任何事都要有计划，按计划行事。分配工作也是如此，计划中需要提及工作负责人、负责原因、预期时间、预期结果等等，越详细越好。计划表需要一式两份，一份给下属，一份自己留存，这样双方都能了解工作内容，防止时间过长细节被遗忘。

团队是执行的“左半边翅膀”

雄鹰缺少了哪半边的翅膀都无法正常飞翔。同理，执行成败的关键是团队。个人的力量相对于团队而言是渺小的，就像手掌一样，任何一根手指的作用都是有限的，但是将五根手指组合起来握成拳头，威力却是巨大的。作为管理者要懂得，如果把团队中的内部结构完美组合，所形成的整体力量要比个体力量之和大了不知有多少倍。

团队的执行力才是企业真正的执行力。评价一个管理者不是看他个人有多大的能力，而是要看他组织团队、管理团队、带领团队的能力。

一个公司是否优秀的衡量标准，不是管理者，不是个体，也不是个别英雄，而是要看其是否有强大的团队。团队是一个企业的支柱，要成就企业，首先从打造团队开始。

每个人都是独一无二的，都有其独特的性格和技能。由于这些原因，决定了并不是所有的人都适合在一起工作。团队当中，因为内部结构问题而存在钩心斗角的事情导致的协作受阻和战斗力下降的情况有很多，甚至还有很多企业都是因为该原因造成业绩下滑或停滞不前。如何打造团队、调节团队当中的人员配比、优化团队的内部结构，已经成为摆在各个企业管理人员面前的难题。

戚家军是由明朝名将戚继光带领出来的由4000多人组成的一支军队。这支军队的主力是由义乌东阳的普通农民和矿工组成的。但是这样一支杂牌军却从嘉靖三十八年成军到万历十一年戚继光去职期间，经历了大小数百次战役，却从未失败过，击败了总数超过十五万余人的敌人。这支杂牌军威震一时，被称为“神勇的戚家军”。

戚家军强大的战斗力和卓越的战绩离不开戚继光创造的“鸳鸯阵法”。鸳鸯阵是一个可大可小的组合战阵，最基本的鸳鸯阵由12个战士组成，最前面的是队长，队长身后有两列士兵，每列5人，最后的一人是伙夫。队长身后的两个士兵手拿藤牌，为全队遮挡箭支、刀枪，掩护后面的战友。他们之后有“狼筅”兵两名。“狼筅”兵是戚继光发明的一种新兵器，用当地常见的大毛竹制成，在大毛竹上固定着许多把尖刀，打仗时可以横扫挥舞，威力巨大。在后面是两名长枪兵和一名短刀兵，长枪短刀协同作战。每个鸳鸯阵法既可以独立作战，又可以由几十、几百甚至更多的小鸳鸯阵组合到一起成为一个大鸳鸯阵，还可以变换为“二方阵”、“三方阵”等阵型。鸳鸯阵具有强大的战斗力，尤其是对付惯用重箭、长枪和倭刀的倭寇非常有实效，在浙闽沿海多山陵沼泽、道路崎岖、大部队兵力不易展开的地理形势下有明显的优势。

戚家军正是由于戚继光的合理分配，将个体力量巧妙地凝聚在一起，才形成了如此强大的战斗力。

单个士兵的力量固然很小，但是将这些士兵巧妙安排、精心组合就会迸发出无穷的力量。

团队不是人员的简单相加，管理者在组建团队的时候，不仅要考虑团队成员的性格特点和技术特长，还要考虑如何才能发挥出团队的整体效能。只有对团队中各个队员的情况进行优化组合，进行最为协调的组合设计，才会组建出最有执行力的团队。

管理者在打造团队时，应该遵循以下原则：

没有最好，只有更好

团队在执行过程中吸收一些优秀的人才是应该的，但是如果不顾团队的需要而盲目扩充并不是明智的选择。想更好更快地发展本身并没有错，但是管理者不能盲目追求“最好”。

团队由不同类型的成员组成，每个成员发挥出其独特优势，才能在发展中不断壮大自己的力量，更好的适应环境变化。任何“大材小用”或“小材大用”的做法都是错误的，都不能发挥出团队的整体实力。唯有找到最为合适的人才，才能使团队的力量发挥得更好。

团队成员的能力应互补

管理者应该根据团队成员能力的特点进行优势互补的搭配。一个团队中要有不拘小节的也要有严谨认真的，要有遵守纪律的也要有努力创新的，要有活泼外向的也要有温和内敛的。管理者要在各个方面让团队成员形成互补，如性格年龄、知识能力的互补等。

根据团队成员的特色来进行搭配

也许团队成员的能力并不强，但是管理者要知道团队中每一个成员都很重要。没有完美的个人，团队成员的能力也不尽相同，但是团队的管理者要尊重每一个团队成员的能力差异，并根据团队成员的不同特点进行人员的合理调配，通过团队合作弥补个人的不足，通过优化结构强化个人的长处，使团队的力量得到最大发展。

人心所向，团队执行的基础是信任

古代就有“人心所向”、“得人心者得天下”的说法，在现代，要想组建一个优秀的执行团队，“得人心”是必不可少的。“得人心”在这里指的是团队精神。团队精神是一种大局的思维，协作共赢和服务的精神。团队的基础是要尊重每个人的兴趣，肯定他们的成就，信任团队中的每一个人。团队精神的核心是协作共赢。组建一个团队并使之成熟的表现就是让所有队员形成一种向心力、凝聚力，求同存异，那么这种成熟的团队怎样才能建立起来呢？首先要做的是信任，信任是引领一个团队协作共赢的根源，也是对团队精神更深一步的解析。没有信任，团队精神就形同虚设。

某保险公司，每年都会有针对新提拔的中层管理人员的培训。这些新提拔上来的中层都有较好的个人业绩，给他们做培训的时候，我深深感受到这群人勃勃的生机，同时发现他们对自己未来团队的规划也是非常详尽。但是在今年再去给这群人做深入培训的时候，发现他们的团队发展并不像他们预想的那么好。开始时，团队组建的确实很庞大，但是随着时间流逝，很多队员都离开了，为此很多管理者很苦恼。自己为团队付出了那么多心血，可为什么团队还是会在短时间内组建又迅速消亡呢？

我给他们做了一个心理测试后发现，他们的团队不稳定，其根源是没有办法凝聚人心，团队成员之间缺乏信任，没有合作意识，甚至有一部分人根本没有真正理解团队的概念。

现在个人创业的是越来越多，也有很多像流星一样，闪耀一时就销声匿迹了。因为很多人在开始寻找合作伙伴时，有着一个共同的目标并且为之精诚合作、一心向前，而在取得一定成绩之后，就会钩心斗角，为争夺利益不惜反目成仇。高层会怀疑中层是不是存有异心，会不会影响到自己在集体中绝对性的领导地位和利益分配，需不需要来个“杯酒释兵权”？中层有没有将自己的方案执行到位，能不能领导他的队员在规定的日期内完成既定的目标？而作为中层会考虑，自己的利益分配是不是跟自己的付出成正比，现任的高层能不能满足自己，现在的队员是不是在跟自己往一个方向使劲？队员们则在考虑，这样互不信任的中层与高层，是不是能让企业发展得更长远，是不是能给自己一个理想的发展平台？而自己那么努力，自己的队友是不是也跟自己一样而不是在偷偷窃取自己的劳动果实呢？

在任何一项任务下达时，大家各有各的心思。比如：高层制定了一个月做30万元的业绩，但是中层出于对个人水平的怀疑，在执行的时候，打折到25万元，而自己队员的意识里，就会觉得原来任务是可以打折的，那么均分到自己头上的任务，自己只完成六成或是七成就可以了。这样的执行，到最后的结果是，队员没有完成自己的目标，中层的任务受阻，而高层的规划中也至少会有一半是执行不起来的。

如果在最开始，不管高层、中层还是队员，都能够建立深厚的信任感，那么此后一系列因不信任引发的危机也就能迎刃而解。作为高层，要相信中层能够很好地执行企业的战略决策，信任他们采取的任何可行方式。作为中层信任高层给的大方向能让你得到你自己想要的，并且相信你的队员也会像你一样在积极执行。而作为队员，出于对中高层的信任，有了自己的方向，自然不会在执行时大打折扣。

信任是一种心理状态，而且非常脆弱，一旦有裂痕就很难修补，所以作为一个管理者，与其让自己费尽心力、财力去修补这些信任危机，不如在一开始就防微杜渐，"亡羊补牢"虽为时未晚，但造成的损失还是实实在在的。创建团队中信任是至关重要的，如果连最基本的信任都不能给予，那怎么可能组建起团队呢？

柯爱伦在 1988 年进入杜邦以后，先后担任了近十个不同部门的负责人而且做的非常出色，她说："我所做的就是把整个团队糅合在一起，让他们对业绩目标能够统一认识，同时对完成目标的方式也能够统一认识。每个人要知道自己负责的部分是什么，对整个业绩发展的意义何在。我希望我领导的整个团队有一种和谐的秩序，每个人都能够设定并达成高标准。"她的经验就是在进入任何一个新团队时，以最快的速度了解基本业务情况，以自己的专业精神为基石，迅速建立与下属的信任感，以最快的速度与员工进行有效沟通，了解每个人的定位目标与工作的方式。以公司全局发展为基础，严格按照公司的核心价值观来引导团队执行力。

那么怎样才能具体落到实处，让自己的团队成为一个充满信任、执行力强的团队呢?

作为管理者要清楚，只有完美的团队，没有完美的个人

要把自己融入到集体中间去，要让每个队员融入到集体中间去，这样一种协作与共赢的关系才能支持一个完美的计划最终执行与落到实处。

作为管理者，要给员工创造一个令他们感到信任的工作氛围。首先自己要展现出你的信任，可以用自己的专业形象去建立自己跟团队的信任关系，也可以出台自己的办公流程或是政策，来保证团队中大部分队员不被小股势力影响，及时、定时同队员进行有效沟通，了解他们在工作中遇到的问题，给出解决问题的方式和方法，这样就能及时掌握事态发展的方向，并能及时反馈队员的现行绩效，帮助队员更好的去按照既定的任务执行，提高队员的执行力。

作为管理者要懂得，建立信任感的最好的办法就是分享

你要总揽大局，从全局出发，让自己的队员清楚地知道未来的规划及实行的方法措施甚至是其中会遇到的难题。你向队员传递的信息越多，就意味着你传递给队员信任的信号就越强。队员们能够站在你的角度上思考问题并能够清楚区分团队中各个群体、共有资源以及目标进度之间的关系的时候，也就是团队最稳固、执行力最强的时候。

作为管理者，要做一个公开、透明、正直的人

我们都曾经作为一个团队的组成人员，当初辛辛苦苦跟着某个经理为

业绩熬夜三天的时候，你有没有想过，自己为什么心甘情愿地跟着他这么辛苦？原因就是我们跟的那位经理是一个很正直的人，人品好。以此类推，我们现在的团队也需要这样一个领导者，作为领导者，要开诚布公地跟你的队员去沟通，即使是坏消息，你也要本着公开诚实的态度去对待，这样长期牢固的信任关系，会让你事半功倍。

保障团队沟通渠道畅通无阻

管理者在交代给员工一项工作后，往往会这样说："有什么问题及时和我沟通。"这是因为，沟通可以增加双方的默契，使之在短时间内达成共识，以节省更多执行时间。尤其在团队中，创造绩效需要整体的力量，在执行过程中，如果每个人之间都隔着一道心墙，自顾自地执行各自认为对的部分，这样的团队不可能到位执行，更不可能发挥绩效。没有达成共识就去执行，只会令后期的纷争不断，执行路上阻碍重重。

我有一位很特殊的学员叫安东宁，之所以说她特殊，是因为听说她只用了一天的时间就让部门的所有同事接受了她。

说到这里，一定有人开始怀疑了：她是怎么在最短时间内征服所有人的呢？

安东宁说入职之初，她所在的部门由于之前的领导管理不善出了问题，可以说，她一上班，这里就是个"烂摊子"。当时的问题是，公司长期亏损，每个人都怨声载道，一副不抱希望工作的架势，甚至很多同事已经纷纷离开。

然而，这只是其中一个小问题，更大的“灾难”是，大家开始因此士气低落，不能好好工作，也就不能保证产品的质量。就在最近好不容易卖出的300台汽车里，竟然有130台被查出质量不合格，在消费者间树立的口碑立刻被摧毁，骂声一片，而客户们更是不买账，很多尾款都面临着收不回来的窘境。公司问题、员工问题、产品问题、消费者问题、客户问题如潮水般袭来，而这五大问题又是公司的命门。安东宁来的第一天，就已经听身边的同事们在说：“你还来这里干什么？难道你不知道，我们的公司快倒闭了？”

面对这样的情况，安东宁并没有像别人一样加入抱怨的队伍中，困境面前，她很快冷静下来，一边告诉自己一定要扭转现在的局面，一边开始思考对策。她想到既然同事们的抱怨声最多，首先应该和他们有效沟通。安慰大家：“我知道大家并不是故意抱怨，故意不好好工作，而是现实所迫。我现在基本了解了你们每个人的经济状况，所以决定，我会向老板申请自己未来三个月都不要薪水，反正我也是新人，就当作是一次和大家学习的机会。但是这些薪水会补贴给你们……”

据安东宁回忆，她当时还和大家说了许多激励人心的话，或许大家也没有想到一个新人竟然能够如此为团队着想，于是大家纷纷表示在接下来的日子里，一定会为了改变现状而努力执行任务。

现在我毫不怀疑安东宁的魅力，或者说是她身上散发出来的、与团队有效沟通的魅力，这样一位沟通达人，同事们怎么能够拒绝呢？

有效沟通是减少矛盾、防止执行出现偏差的保证

不知你是否发现，有不少企业在招聘时都会在“能力要求”一项里注明：有较强的沟通、协调能力。可见，管理者沟通能力不强，企业也不愿为你

开启事业的大门。最重要的是，若没有有效的沟通，在执行任务时，结果就会和要求有偏差，甚至与老板或身边的合作伙伴发生更大的摩擦，长久下去，就算你的工作能力再强，周围的同事不待见你、老板不认可你也是白费，当你有工作需求时，也没有人愿意为你补板。

让沟通成为一种交流的习惯，时时刻刻领会要点，落实工作

管理者高效沟通的养成往往要从平时日常工作开始，让沟通成为一种习惯，才能在他人提出一个项目、一个问题时，第一时间领会要点，作出反应，提出意见，落实工作。上通下达顺畅了，执行任务才会无障碍。另外，沟通应当是心与心、话与话的自然交流，无需怕说错话而故意装聋作哑，难道你甘于在别人畅谈之时，独自坐在被人遗忘的角落？改善你的沟通地位，主动去与人交流，道出你的心灵之声吧！

利用沟通与团队其他成员保持良好的关系

管理者的沟通能力在整个职业生涯和工作过程中占据着非常重要的位置，沟通能力如何直接影响着你与团队其他成员的关系。沟通能力差的管理者很容易被他人误解原本要表达的意思，给别人留下不好的印象。而沟通能力强的管理者能够在短时间内有效表达自己的想法，也能在第一时间内了解别人的情感，比起只懂得默默执行的管理者，“沟通达人”更容易获得群众的支持。可见，每个管理者都有必要学一学沟通的本领，执行才能运筹帷幄。

盯紧执行队伍中的“懒猫”

惰性是人类的弱点，也是人之本能，但是懒于执行、投机取巧终究不能成为你不去执行落地的“挡箭牌”。

对大部分管理者而言，很多任务都属于日常执行事务，做久了难免会陷入重复、机械的境地，这是令大家对工作产生厌倦心理的要素之一，厌倦便产生惰性，惰性是员工执行最大的障碍，是执行必须解决的关键问题。

我的学员赵鑫汝是某知名广告公司设计部主管，已经在职场打拼两年有余。这期间，她也曾经历了很多考验，接受了很多教训。比如在执行这块，她就曾兜了很大一圈。早期时，她的工作量非常大，每天设计部全体同仁加班到凌晨一两点已经成了家常便饭，后来赵鑫汝自己也感觉到：为何其他部门都不加班？唯独自己的部门每天忙得一定要加班才能完成任务？差距在哪里？开始她以为是自己的团队实力不济，后来才发现并非如此。

赵鑫汝在每接到一项任务后，为了不偏离执行的轨道，总是在员工做到一半时就查看其执行详情，开始几次的交流让他们擦出了许多新的火花。可这样一来，大家往往做了一半的任务就会就此泡汤，因为赵鑫汝的一两个建议就要重头再来，甚至要重新学习、制作。这就造成了大家的执行总处于一条“断裂带”上，其实做做停停最容易抹杀灵感的火花。而很多时候，领导还会有很多新任务发过来，这时，为了赶进度，赵鑫汝又不得不叫停现在的工作，去完成新的任务。就这样，之前的工作还没做完，就又开始做新的工作，恶性循环就是这样在无形中形成的。

另外，时间一长，赵鑫汝善于在中途交流的做法已经成了她的一种个人习惯，很多同事都开始对这样的工作模式反感起来，觉得自己辛辛苦苦去做一项任务根本没有用，还没等做完，这个多嘴的人就跑过来将自己的成果弄得面目全非。对此，很多同事都怕了，渐渐不敢再和赵鑫汝一起共事。当执行始终处于一条“断裂带”上的时候，便会滋生出懒惰的因子。

后来，赵鑫汝总是不自觉地向我抱怨，她认为造成今天任务迟迟不能推进的结果，都是因为同事不肯配合自己工作，还说他们真是不知好歹。

在我看来，这些同事也并非不知好歹，毕竟谁都想提早完成任务，赵鑫汝可以和别人讨论，也可以提意见，但至于对方接不接受那就是人家的事了。她错就错在不应该打断自己和员工正在执行的任务，让大家的每一次执行都“断裂”。其实，从心理学的角度看，每个人都有执行的成就感，有时我们更需要这种一气呵成的成就感，以弥补执行的压力。

身为企业员工，做事不能自动自发、执行不到位始终是致命伤。其中最明显的表现就是：上级领导安排给自己的任务，自己怎么也不肯付出100%的努力，总想着投机取巧，最终没有一件事情能做完。

执行不到位，对企业而言，就是成本的浪费以及加倍的利益损失。而对员工而言，就会造成逆势成长、发展的失衡心态，导致一副事不关己的混日子局面，即将达成的业绩也会功亏一篑。久而久之，如果一直如此，那么还不如不执行。其实，真正拥有执行力的人工作档期都会排得很满，工作有条有理并且能够自动自发。例如，有一位企业家就力争在工作日里保持自己的竞争力，周末也不休息，总结上周的工作、准备下周的工作，以此来超越他人，在他的字典里没有“懒惰”二字。

懒惰的人，总是在最后的期限里执行任务，他很可能对这个任务理解不到位、准备也不到位，执行更不会到位；懒惰的人很难对一项任务坚持不懈地完成，总在为自己找这样那样的借口，工作量一天天堆积如山，既为自己带来了压力，也为执行造成了阻碍。如何帮助员工戒掉执行懒惰的坏习惯？越简单的方法越管用：

今日事今日毕

心理学研究表明，每个人都有一条兴奋曲线，这条曲线是根据事物的新鲜度而呈递减趋势的。例如，老板安排的全新任务，或许它并不急着出结果，但是与还没有执行完的、紧急的旧工作比起来，眼下的新任务对你更有吸引力。所以，如果所有的工作都是这么个执行顺序，那些旧工作就很难有到位执行的可能。最好的办法就是当日事当日清，时刻保持对工作的热忱，当你想要拖延时就想想：明天还有明天的事，以此警戒自己切勿拖延。

让团队成员保持对工作的新鲜感

很多事做不做都是心理作用在发挥力量，有的团队成员说拖延是因为自己做的工作太机械了，每天都在执行相同的任务，这时我们就可以借用心理学的暗示效应，提示自己，再类似的事件也有其不同之处，每一次执行都是学习的机会。当你由心开始拒绝懒惰的时候，行动才会跟上来，所谓意识对能动性的影响便在于此。当然，每件事的确都不同程度地存在着差异性，关键就在于你的心理是怎么想象的。

督促员工不给自己懒惰的机会

懒惰普遍源自内心的自我放纵，很多人明知懒惰是一种陋习，但就是怎么也改不掉，究其原因是员工本身就给了自己很多懒惰的机会。当接到一项任务后，就让员工养成立刻去做的习惯，而不是回到办公室便把文件夹堆在桌子的角落里。越是拖延，工作就越难执行，为什么这么说呢？通常，管理者在安排工作时，要尽量把工作的重点从头至尾交代一遍，也就是说，员工执行得越早，他们对任务的理解就越深刻。在相同时间里，每个团队成员都不是只有一项任务，假设员工不断被其他任务干扰，拖延下去的结果不只是工作累积到一起，而是淡忘了最初的执行方略，众多任务混为一谈。

为团队二次定位

越来越多的中国企业脱去华丽的外衣，撇下浮华的外表，开始向理性和务实的方向发展。企业高管们再也不满足那华丽的战略仅仅是纸上文章，美妙的愿景目标仅仅是可望不可及的心理安慰，他们开始考虑如何让战略和愿景落到实处。然而在这个竞争激烈的社会中，很多企业就如同划过天际的流星，在留下绚丽的一瞬后，又重新归于沉寂。不少执行者发现不论自己怎样努力，结果总是不尽如人意，这时候企业的领导者往往会把过错归咎于员工的不努力和不尽心，而员工则会埋怨领导者策略有失、指导有误。

我们的团队怎么了？我们的团队要做什么？

如果说在计划时的第一次定位是为了找到执行方向，那么在执行过程中的二次定位是为了确定接下来做什么。

准确把握角色定位是确保团队执行力的前提条件，正如营销大师莱维特所言："这不是一个执行的问题，而是一个观念的问题；这也不是一个企业怎样把事情做正确的问题，而是一个怎样去选择正确事情的问题。"定位是实现企业价值的起点，虽然很多人天天把定位挂在嘴边，但他们根本没有领悟到定位的真正内涵，他们离题万里的谈论要比高谈阔论的执行所带来的危害严重很多。如果定位不准，即使工作再努力，执行再好，也很难得到好的结果。

正如奥克斯凭着一腔热血进军汽车行业最后折戟汽车市场一样，我们不能让执行力站出来当"替罪羊"。考察一下那些举步维艰的企业，不难发现糟糕的定位要比拙劣的执行多上很多。这种情况下，我们最需要的不是执行，不是不假思索、没有理由的"把信送给加西亚"，我们应该关注的是"定位"这堂必修课。企业的成功离不开管理者正确的定位、耐心的指导，也离不开执行者的领会与执行。

在一个团队中，每个人都有不同的工作，每个人都有自己的职责所在。我们不能苛求别人来做我们的工作，也不要去想在别人的职责范围中插上一脚。作为团队中的一员，最需要的是对自己的角色有一个明确的定位，对自身有一个清醒的认识，清楚自己的职责所在，认识到自己与他人工作上的差异性。只有每一个人都各司其职、各尽其能，做好自己的事，才能使企业这个整体得以良好发展，使每一个人都能获得自己的利益。如果发生角色错位的现象，不仅害了自己，更会给整个团队、整个企业带来危害。

去年夏天，我受邀到BEBE外贸有限公司做为期一周的培训课，在与高层人士了解情况时，我发现其中有很多人认为管理者在团队中的职责就是制定策略、描绘企业愿景，执行这些细节上的事务是下属的事情，就不需要管理者劳神费心了。这个观念是错误的，管理者是策略执行最主要的主体，管理者不仅要参与执行，更应该把定位作为执行中最重要的工作去做。管理学中的“羊群效应”说的是人们在工作中容易受到大众心理的影响，殊不知，大众心理也具有一定的导向性，而这个有能力主导方向的人则正是管理者。从某种意义上讲，定位不仅体现了管理者纵览全局、深谋远虑的洞察力，更是一种设定目标后，坚定不移、脚踏实地的态度和行为。

要做好定位工作，管理者就要让团队成员发挥自己的作用，知道自己是谁，要做什么。

管理者要明确自己在执行中起着很重要的作用

管理者要协助老板的工作，要能够弥补决策方案的不足，因此，管理者的定位工作主要是领悟老板的意思，在做一件事情前，先弄清楚老板想要得到一个怎样的结果，他希望你怎么去做，然后再准确无误地传达给基层人员，还要给予他们一定的帮助和激励，提升下属的执行能力。

考虑老板的意图

基层员工是企业中人数最多、所占比例最大的部分，基层员工就是企业的基石，也相当于人的四肢。作为基层人员不需要考虑企业的发展战略，不需要为企业的发展规划而伤神，做好本职工作就是基层人员最关键的事情。而管理者的执行并不是做完即可，还要做对、做好。要想做到这一点，管理者不是单纯地理解老板的定位就完事大吉了，每执行一件事要多想、多听、多问，提高执行效率。很多管理者接到一件任务之后，不去仔细考虑老板的意图，刚理解一点儿就带领团队开始埋头苦干，结果活也干了、力也出了，却没有得到想要的结果。理解了定位再去执行，胜过草率地做十件事。

管理者事先的定位决定着执行的70%的效果

如果把企业比作一个人，那么管理者就是这个人的大脑，他是规划企业发展方向、制定企业发展战略、掌握企业政策方针、制定企业规章制度的人。因此，管理者的定位工作便是：只要是关于企业发展全局、长远利益的重大问题，都需要他们来做决定，管理者事先的定位决定着执行的70%的效果。

前几天，我参加一个聚会，期间，我听朋友说他们的管理者是一位美籍华人，平时自己非常注意个人形象。有一天他走进公司，就看到技术部门的一个小伙子歪戴着帽子，大大的耳环，裤子都快垂到地上了。管理者当时气得脸色都变了，后来老板还专门开了一个会议讨论着装问题，并且统一制作了工装，每人两套西装。起初的时候大家还觉得新鲜都穿着来上班，但过了没多久就开始烦了，不过这是公司的明文规定谁也不敢不穿。后来管理者去夏威夷度假，回来后一身便装就来公司了。接下来的事情可想而知，“潮流”再次盛行了。为什么？你事先作出了一个怎样的定位，后期就会有怎样的执行结果，定位一旦改变，如果没有一个合理的原因和适应期，执行就会乱了方向。

提高执行力是一个系统的工程，只有每一个团队成员都能做好自己的本职工作，执行才会变得简单起来。管理者许多方面都是从定位开始的，定位准确了，才能做出正确的事情来。只有让二次定位注入灵魂，让执行发自内心，团队才能实现目标明确、简洁高效的执行。

团队成员高效执行不掉队的秘密

企业中的各个团队，就像人身上的衣服，不仅要合身，还要上下搭配，用衣服修饰身材，通过人体展示衣服特色，这就是企业内各部门有分工又有合作。如何实现精简高效的工作效率，让指令从下达到完成都处在良性高速的执行范围内，就需要管理者多做整合，综合好企业与员工之间的关系，调整队伍的高效动手能力，摆脱行动上拖拉散漫对企业发展的影响。重视人员管理方法，不要被陈旧的思维和管理方式束缚，创意需要开拓思维，管理更需要奇思妙想。

保卫科的老科长即将退休，公司决定在甲、乙、丙三人当中挑选一人继任科长职位。就在考察过程中，企业突然发生了一场火灾，甲在发现大火后，奋不顾身地冲进去抢救公司重要资料文件，衣服险些被大火烧着，在甲奋力挽救下，公司的重要资料被成功救出火海，避免了一场不可预知的损失。发生大火时，乙积极开展消防工作，组织公司成员集体灭火，第一时间拨打救火电话，在消防人员的帮助下，很快就把大火扑灭了，如果没有乙的快速行动，大火波及范围将会更多更广。

在保卫人员的努力工作下，大火并没有给公司造成太大损失，管理者连说他们是最称职的员工，要求其他员工向他们学习，并且及时给予奖励。管理者奖励甲一千元钱，奖励乙八百元钱。出乎意料的是，丙在公司发生大火时，呆在家里，并未对公司作出贡献，管理者却提升他为新的保卫科长，这令大家很不解。管理者说："丙与我吵了一架，火灾发生时，他正坐在家里生我的气。"其他人更是一头雾水，与管理者吵架还能得到提拔简直闻所未闻。管理者缓缓开口，解释说："那天丙向我反映公司消防问题，认为楼内存在消防隐患，要求我立即整改，但是我正忙于其他工作，让他再等等回绝了他的建议，所以他一生气就回家了。试问如果我在第一时间听取丙的建议，对消防隐患及时进行处理，就不会有这场大火，公司也不会有丝毫的损失。虽然丙没有参与火灾抢救工作，但他的功劳是最大的。”

精简高效有方法，管理者提前预防更重要，队伍中需要有危机意识的人，防患于未然才能确保整个团队在执行任务时减少阻碍，确保在迅速、有效的前提下完成任务，实现真正的高效执行。

美国经济学家约瑟夫在参加剑桥大学举办的舞会时，发现了一项有趣的游戏。每个参加舞会的人都将获得20美元的免费筹码，在赌博游戏中以押注的形式参加，最终的胜利者可以获得明年舞会的免费门票。

约瑟夫运气不错，在最后一轮押注之前，他的对手只剩下一位来自英国的年轻姑娘。约瑟夫手中的筹码有700美元，而英国姑娘手中只有300美元，由于英国姑娘十分渴望得到免费门票，于是希望与约瑟夫求和。约瑟夫因为大筹码领先，自认为胜券在握拒绝了小姑娘的要求。

游戏最后一轮，英国姑娘破釜沉舟，将300美元全部压在3的倍数之上，获胜概率只有30%，约瑟夫将全部的700美元压在了2的倍数上，获胜概率大约有50%。令人意想不到的是，30%的概率成功了，约瑟夫输个精光。

事后约瑟夫才恍然大悟，他并不需要比英国姑娘多赢，只要排名保持在第一就可以，他完全可以选择跟随战略，无论对手押到哪个数上，他都以相同数目跟随，就会确保自己稳赢不输。

由此可见，无论在工作中还是生活中，都要明确自己需要的是什么，针对目标采取不同策略，将损失降到最低点，使利益达到最大化。当管理者与执行者产生矛盾时，不要因为对方处于弱势就强硬压迫。解决管理冲突的好办法不是强者欺压弱者，而是适时调整自己的策略，作为强者主动采取让步，与弱者协商妥协。

管理者首先作出让步

拿出自己的诚意与员工合作，不要一直扮演高高在上的指挥角色，偶尔扮演一次企业中的弱者，让员工帮助你来完成任务，可以激发员工对企业的凝聚力，营造主人翁意识。同时也是让员工证明自身能力、肯定自我的好方法。

看似让步服软，其实是对企业的侧面推动，是管理者的另一种灵活管理手段，可以节省在人员工作热情上的培养。过分注重理论灌输，不如实际工作中让员工自觉感悟。

精简高效的维持队伍执行力需要注意以下几点：

更改生产技术，不让企业发展落于人后

科学的进步成就机器的飞速发展，任何机器生产和运用都是为了提供更高效的生产和更便捷的服务。所以在设备改进问题上，绝对不能瞻前顾后，管理上的简单也要依靠先进的生产工具。

裁员是整改的有效方法，但一定要不留情面、一改到底

有时候企业在裁与不裁之间左右摇摆，造成内部人心惶惶，影响正常工作的情绪，从而导致执行能力下降。

执行迅速不拖拉

遇事总是先坐下来讨论对策，等商定好对策再行动很容易错过最佳的抢救时间。

实战案例：释迦牟尼关于团队的思考

释迦牟尼曾问他的弟子："一滴水怎样才能不干涸？"弟子们面面相觑，不知如何作答。释迦牟尼告诉他们："把它放到大海里。"

一个人的能力不管有多强，如果他不能融入到团队中来，那么，他就会像那滴没能融于大海的水一样，很快 "干涸" 。一个人要想实现自身的价值，就必须让自己融入团队，成为团队的一部分。

在工作和生活中，确实有很多非常出色的人，他们完全可以称得上是上帝的宠儿，拥有过人的天赋和能力，可以在属于自己的领域内自由驰骋，取得了他人无法企及的高度。这样的人可以称之为"完美"了吧？其实不然，他们的"完美"对于团队来说可能就是麻烦的根源。

一个企业想要发展，靠的不是个人的英雄主义，而是团队。现今的工作大多都是程式化的工作，每一个人都有自己擅长的领域，也有自己不懂的地方。所以，在工作中，管理者要学会与他人配合，融入到团队中去。

现在是一个团队制胜的年代、一个强调合作的年代，管理者仅靠企业中的个别英雄闯天下便会越来越没有市场。打造优秀团队成为现在社会的主题，团队精神才是企业真正的核心竞争力。每一个团队的兴衰成败，都和其背后的团队成员有着密切的关系。每一个成功的企业，都离不开团队成员齐心协力的奋斗。一个拥有超强能力，但缺乏团队意识的管理者是无法在竞争如此激烈的社会中发展起来的。

团队的成功离不开团队成员的付出，而每一个取得伟大成就的管理者也离不开团队的支持。对于团队成员而言，没有你我，只有我们。当团队中所有的人都在向着一个方向努力时，我们的团队才会得到最好的发展。

STEP9 建立执行考核系统：向团队要结果执行更积极

向团队要结果执行更积极

没有考核就难以进步

几乎所有的管理人员都会强调执行力，天天把执行力挂在嘴边，但是执行力仍然上不去，久而久之，执行力变成了一句口号，再也起不到任何作用。可是执行力真的不存在吗？当然不是，综观各行各业的明星企业都拥有一流的执行力。为什么这些企业能够做到，而有的企业却不能做到呢？那是因为缺少了有效的考核体制，不能对执行力进行标准化的衡量。

IBM总裁郭士纳强调："如果你强调什么，你就检查什么，你不检查就等于不重视。"员工只会做管理者检查的事情。在这里的检查指的就是考核，考核是执行力唯一保障。

德鲁克大师的目标管理在全球的企业中得到了普遍推广，但是也有很多企业在执行的过程中走了样，没有目标追踪，没有可量化的考核标准，员工渐渐偏离了原来的轨道，使企业的目标只剩下了美丽的外壳。

彼得原理告诉我们：在层级组织里，每个人都会由原本能胜任的职位晋升到他无法胜任的职位，无论你有多少智慧，无论你有多少才智，总会有一个无法胜任的职位在等着他。无论任何阶层中的任何人，迟早都会遇到这样的情况。

在现代社会中，无论在什么行业中打拼，无论从事什么工作，都需要能力。一个人的能力大小决定了他所能达到的高度。现代社会竞争异常激烈，要想在现代社会中占得一席之位，通用能力的提升必不可少。

对执行力的考核，并不是简单的绩效考核。绩效考核强调的是结果，而执行力考核不仅仅看事情的结果，也会看整个的执行过程。好的过程才能带来好的结果，通过对执行过程的考核，把各种资源调度起来，围绕着目标向前走。

当执行和目标发生偏离的时候，通过考核及时发现问题，经过信息反馈，采取一定的调整措施，使问题尽快解决，让执行继续向着目标前进。

在考核实施过程中，管理者容易犯的错误是一味注意员工的外在表现，而忽略了对目标的考核。这是一种舍本逐末的做法，这样的考核容易造成目标偏离，也容易伤害一些看起来并不努力但是执行工作很到位的员工的感情。所以，对执行力的考核要坚持以工作成果为核心。考核的内容主要包括：执行力、领导力、学习力、沟通力。

对执行力的考核

什么是执行，执行的目的是什么？执行就是把工作落实到位。在职场中，无论是上通下达，还是执行任务，执行力都在潜移默化从不同的程度上发挥着作用。一个管理者有没有高效执行力，关键是看他能否将工作落实到位，并取得预期的效果。

对执行力的考核，也就是对工作落实是否到位的考核。如果管理者执行得不好，那么这样的人在职场中就很难提升自己的竞争力。执行力是竞争力的基础，执行不到位，或者执行结果和预期目标背离，那么，你对公司交出来的结果就是一个完全没有价值的结果，你的竞争力在下降，你的整体能力在下降，你将失去你的工作。而如果拥有一流的执行力，管理者做任何工作都能按照计划一步一步做到位，那你的竞争力和整体能力就会提高，你也终会取得成功。

对领导力的考核

对一个人领导力的考核表现在对团队建设的考核。一个管理者即使有再好的个人能力，如果他不能很好带领他的团队，也不是一个好的领导。领导是一种影响力，是一种对人们施加影响的艺术和过程，领导使人心甘情愿的为团队的目标而努力。

一个好的领导者要有大局观念。好的领导是站在企业角度想问题，立足自己的岗位做事。一个有领导力的人，不仅要对上级做到服从，还要有发现问题、解决问题的能力。如果只是一味服从上级，上级让干什么就干什么，缺少了自动自发工作的动力，那么，就不会在工作中取得突出的业绩。

对于那些通用能力强的员工，要根据其自身的能力提供给他们相应的职位，让他们在不断学习进步中，为企业、为个人作出更多的贡献。而对于那些本来能力就低又不知道提升的员工，企业应该对他们进行说服教育，让他们明白学习的重要性，如果达不到目的，就要敢于向这类能力低下的员工亮红牌，给予降薪、降职、开除等惩罚。

对学习力的考核

时代在进步，知识在更新，每一个人都应该树立“活到老，学到老”的信念，使自己可以追的上时代的潮流，不至于被社会淘汰。对学习力的考核就是对一个人思想上能否接受新事物、新思想的考核。

国内某著名网站对企业职工作过一个调查，他们发现，大多数管理者在工作两三年之后，就会进入一段职业枯竭期。他们对工作感到非常厌倦，刚刚参加工作时的那种新鲜感早已被枯燥的重复劳动、繁琐的工作所泯灭，剩下的只有厌倦感。同时，还有一种莫名的失落感，感觉体内空空如也，以前所学的知识已经不够用，比较容易的工作还可以应付，但是稍有难度的问题就会感觉脑海中一片空白，不知如何应对。这时，又会产生恐慌，面对更加年轻的员工，总是担心自己在公司中的地位被取代；面对上司，又总是担心自己的工作有没有做到位，会不会引起上司的反感等。

企业管理者应该经常学习，通过培训或充电等方式，提高自身能力，增强自信，使自己融入到新的环境中，从而跳上更高的台阶，才能重新激发起工作的激情和强烈的竞争力。

对沟通力的考核

对沟通力的考核，旨在考核管理者的工作方法是否科学。沟通是什么，沟通就是连接人与人之间的桥梁和纽带。管理者沟通能力的强弱，决定了工作能力的强弱。俗话说："知己知彼，百战不殆"，管理者在与他人沟通时，不仅要知道自己想要说什么，还要知道对方想要说什么，不仅要知道自己对一件事情的看法，还要明白对方对这件事情的看法，只有弄清楚了对方的想法，才能有针对性地进行沟通。

在工作中，沟通是必不可少的。管理者想要管理下属，需要沟通，下级要向上级报告工作进程、申请资源分配等都需要沟通。良好的沟通还可以使管理者的决策更加科学有效，使管理者制定战略更容易被员工所接受。所以，不管是管理者还是员工都应该提高自己的沟通能力。

高效执行考核系统的二八管理法则

执行考核方案不能搞平均主义，平均主义是对业绩突出者的审判、对业绩平庸者的赞赏，在这样的执行下，不可否认得到的一定是一个差团队。

19 世纪的英国人有独特的资金和盈利模式，那时，大部分资金流向极少数人口袋，产生了令人惊讶的事实：某族群占人口总数的百分比和该族群享有的总收入或财富之间有一个数学关系，即 20% 的人占有 80% 的财富。而这种不平衡现象应用于各种领域依然见效，这就是二八管理法则的由来。

二八管理法则的重要性说明，无论在哪个领域都要抓住重点，在考核中抓住关键人，在事件中抓住关键事，简化部门考核也同样。也就是说，管理者要将考核的核心和力量放在 20% 的少数人的考核上以带动 80% 的执行力，提高企业工作产出效率。

学员毕建从事轮胎销售工作，初中学历的他认为自己学不会客户销售软件，便无心学习软件操作。每当有客户询问某品牌某型号轮胎有无库存时，毕建就拿出自己独有的“库存本”查询，而此时销售同事早已通过客户销售软件查出具体数据。毕建的“库存本”并没有因为他投入的精力和时间派上用场，反而因为查询时间过长，好几个订单都被人家捷足先登。为找到问题所在，毕建便向同事请教软件使用操作方法，没想到不到半天的时间，毕建就已经熟练掌握，对个人销售业绩有极大帮助。

一时的时间投入，掌握了使用频率较高的操作工具，换来长久的方便和快捷，直接取消无价值的活动，不用再为简单的事情耗时耗力，这是企业部门需要重点投入的 20%。

坚守二八管理法则，就必须集中精力专注去做一件重要的事情。对一件重要事情的高度专注要求人们摒弃思想杂念，从无谓的琐事中解脱出来，对重要事情投以极高的兴趣及热情，并全身心地将其完成。整个专注投入的过程需要人们有计划、有重点、有规律地执行，并力求取得预想中的最大成果。

高效执行考核系统需要营销战略

营销无处不在，在打造高效执行考核系统中应专注 20% 能够带来高利润的核心技术和产品。在对待客户方面，客户的价值是不等的，发展和留住客户的成本也是不等的。一般来讲，发展新客户的成本是留住老客户成本的 5 倍，重点要留住老客户、忠诚客户，也是因为这 20% 的客户能带来 80% 的利润。利润提上去了，呆板的考核也就不重要了。

二八管理法则给我们的一个忠告是：管理者应该把精力用在最见成效的地方，所谓“好钢用在刀刃上”，要善于抓住机遇，在激烈的商业竞争中，当足以决定成败的细节需要改善时，就要敢于将大部分精力投入进去以争取胜利。如果一味地强调平衡，死守“一分耕耘，一分收获”的所谓“公理”，那么就会受到二八管理法则的惩罚。

高效执行考核系统要用好“工具”

在现代化的今天，许多操作都需要工具辅助，工具是节省时间的好帮手，是职场人必须掌握的一项技能。有些工具目前已经普及，比如 office 办公软件、MSN、收发邮件等，但从事不同领域就会遇到不同领域的专业工具，如果在工作领域中没有熟练使用此类工具，那么就会花更多时间、更多精力投入在无谓的重复劳动中。

繁杂的部门考核不但不会给员工带来向上动力，反而会使员工对工作厌烦，对工作流程失去操作的信心。管理者将二八管理法则运用到简化企业流程中去，对企业管理者有非常大的启发。

高效执行考核系统需将部门日常考核转移

如果确定有某些急需解决但却浪费员工精力和时间的考核，比如服装整齐度考核、迟到早退考核等，可以转交给员工自己处理，或交由专人处理。这不是对工作不负责的体现，恰恰是这样的统筹规划才是提高工作效率、完成重要事情的关键思路。管理者自我价值需要投入到真正能体现出价值的领域中，不属于自己的领域就果断松手才是明智的时间管理选择。

高效执行考核系统要具有全局观念

管理者从二八管理法则出发，既要了解总体的20%，也有必要理解总体的80%。在这一点上，有一个关键因素就是要具有直观想象全局的能力。

高效执行考核系统需要人力资源战略

管理者一味地一视同仁，可能无助于提高企业整体效率和竞争力，在企业执行管理中，往往是20%的人完成了80%的工作任务，因此企业要保证稳定完善的考核流程结构，作为管理者，任何时候都要保持清醒的头脑，要分析本企业20%的核心成员是谁，这些人各有什么特点和优势，以便采取相应的对策。通过重点培养和激励20%的骨干力量，来带动企业另外80%员工的积极性和创造性，促使他们向20%的骨干力量学习，从而使整个企业人员素质、工作效率和业绩不断向上攀升。

业绩是否为绩效考核的唯一标准

业绩带来薪资提升，薪资是激发员工工作的物质基础，而业绩也是企业生存的基础。所以，在企业，业绩不是唯一标准但一定是标准之一。

企业恰当的激励计划会提高员工工作积极性，这不仅是给员工一个生存的基本工资，这更是一种荣誉，是对自己付出的认可，是企业对员工的信任和肯定。

我曾经的一个优秀学员马成波，如今在一家英国驻华公司做管理，一个星期前我们聊天聊到公司业绩的话题，他滔滔不绝地向我说起他在公司内的改革措施。

马成波为了促使员工努力工作，曾在“提升员工”上费尽心思。他首先根据员工创造出多少利润将员工分类，最高是公司管理层职位。员工要想被提升到公司最高层的管理岗位上，首先必须让自己的业绩达到工作典范的标准。而一些业绩低于公司平均水平的懒惰员工，根本不会得到提升。马成波说：“我就是要员工清楚，只要你能不断有业绩，高薪水、高职位就在眼前！”

在马成波所在的公司中，华人孟亮就是受益者。刚进公司时，他只是一名普通的推销人员，虽然在最基层工作，但他却特别认真，平时经常在本子上涂涂画画。为了增加工作时间，孟亮车上随时带着水和食品及公司的产品，只要一有时间就向身边的人推销。孟亮靠自己的智慧和吃苦耐劳的精神，为公司销售了大量的产品，销售业绩一度高居公司榜首。为了鼓励孟亮再接再厉、获得更好的成绩，马成波将他提拔为销售部经理。

企业最好提升员工积极性的方法是“通过衡量员工的业绩去任用”。事实表明，用员工的个人成就决定员工的提拔升迁，将会更有效地激励员工，培养员工向优秀员工看齐的企业精神。

有时，“业绩决定晋升”会给员工带来一定的工作压力，但重要的是它把握在员工的手中。拥有了晋升主动权的员工可以直观地看到自己努力与进步的轨道，让他们深切感受到赢得胜利的激动。这一切均可产生强大的激励，促使员工更加努力地工作，使劳动生产率达到最大化。

日本著名的企业家——松下幸之助说过一句话：企业不赚钱形同犯罪。可见，业绩对企业来说无异于头等大事。告诉员工业绩究竟能给他们带来什么，让他们对业绩有更深刻的了解。

业绩带你走向事业的巅峰

有好的想法，想要向公司提建议时，决策层用什么来衡量建议呢？还是业绩，例如，当员工提交给决策层一份计划书时，管理者会本能地看员工之前为公司作出了多少业绩，如果业绩是零，就会当一个新人对待。对员工的建议考核也就会更加苛刻、严格，相反，如果是一个业绩百分百的人，管理者就会认为此人是一个有着丰富经验的人，在计划差不多的情况下，就会倾向于给你一次尝试的机会。

管理者不要觉得这很不公平，我之前所在的公司都是这种考核模式，这就好比我们在面试人时也是一样，通过什么去衡量一个人是否有任职资格呢？还是业绩！

业绩不是唯一标准但一定是标准之一。人才在工作时往往不满足于自身的环境，很多管理者没有意识到这点。企业必须下定决心采取行动，设计一定的级别和头衔并创造出足够的层次，或者采用“优胜劣汰”等方法腾出位子，以便能让有能力的员工一次又一次地被提升。

让业绩帮你获得更多青睐

不仅是员工，老板同样是业绩的囚徒，没有哪个老板会拒绝一个每天都能为他创造业绩的管理者，在这个凭能力说话的社会，老板用人的标准也只有是那些给他带去最终利益的人才会持续被他重用。即使平时和老板关系再好，最终老板在提拔人才时也会变得异常冷静，用业绩作为衡量人才的标准。所以，要想企业之路走得更顺，管理者就只有率领团队不断地创造更多业绩，才能获得更多人的青睐。

业绩就是你的能力

可想而知，企业中，哪个部门的领导都不会差到哪儿去。那么，当大家实力相当的时候，用什么去衡量一个人的能力呢？那就是业绩。和老板、和下属同呼吸共命运只能说明你对整个团队负责，是个好领导，但却不会有人说你是个有能力的领导，因为你所做的也是你应该做的。另外，企业的人事调动、加薪晋升时看什么？还是看一个人对公司作出的业绩大小，即使你在其他方面做得再好，若是没有业绩作为有力支撑，企业领导也不会轻易赋予你更高的使命。

绩效考核成果经不起等待

绩效就像水中游来游去的鱼，你若拿起鱼竿等它们主动上钩，耗费的只会是你宝贵的时间。可见，你需要积极地观察，主动去捕捉、去创造绩效才有成功的可能。

一个重视绩效的管理者，从来不会坐等机会的降临，也不会抱怨企业领导不给自己发展的机会。而是努力从平日里不起眼的工作中为自己创造机会。他们犹如勤劳的蜜蜂，在花园里采蜜，从花瓣中汲取琼浆。

相反，那些总是一味等待他人给你绩效才行动的人，成功的几率至少比那些主动的人少了50%。换句话说，每个人都想要在企业中更好的生存和发展，当创造绩效的机会来临时，争抢都来不及，谁还会想着主动把机会让给你呢？而整天忙碌的领导又怎能抽身主动找到你给你机会呢？所以，与其等待绩效结果，不如创造绩效结果。

在此同大家分享两个培训时的小故事：

其一，郭晓峰就在图书行业抓住了机遇。

他刚供职于一家图书公司时，也是从基层员工做起，只不过每做一件事，他都要仔细思考一番，看看从哪里能获得更多的发展机会。

有一次，领导要郭晓峰和团队其他成员去当地书市考察图书行情，当汇报结果时，成员们纷纷把填得满满的表格交上去了，以为这样就会过关，没想到，领导却进一步询问：“各位，你们的调研报告交上来了，调研具体分析呢？”大家都互相一愣，齐刷刷地回答：“您没让我们做这个啊？”领导急了：“没让你做你就不做啦，我还没让你吃饭呢，你们怎么知道到点就去吃饭呢？说句不好听的，为什么你们想不到，你们的同事郭晓峰就能想到，他两样都提交给我了。”

从那以后，领导总是让郭晓峰去约见重要客户，很显然，郭晓峰也总是能够圆满完成任务，终于，领导任命他为部门经理。

其二，秦明家最初算不上是一名优秀的员工，但是她却抓住了让自己不断创造更多绩效的机会。

比起其他有背景、有学历的员工，秦明家可谓是样样全无，当初能进入现在的公司，可以说是凭借着运气，对此，好多同事总是挤兑她，认为她是这里“多余”的。

秦明家心有不甘，于是一直兢兢业业，不放弃自己。

和很多爱抱怨又懒惰的员工不同，秦明家总是想办法提前创造出结果，她从来不等待结果来找她。正因为如此，经过了时间的考验，秦明家的执行力得到大大提升，业绩也比别人优秀很多，最终同事们对她的看法也有所改观，并被提拔为部门主管。

这两个小故事都向我们传达了同一个讯息：机会是留给准备好的人的，同理，绩效也需要我们去创造才会有。老板推你一把，你就动一动，那么，这样的管理者永远是在被动地执行，满意的绩效结果也永远不会来到你身边。重要的并不是管理者的智商有多高、背景有多深厚，而是在于你是否有主动创造结果的激情，只要你自己不放弃自己，就一定能通过时间的检验和付出，不断从小事中把握机会，向他人证明你的优秀。

管理者要防止工作时断时续，做监督自己的“秘书”

如果工作总是被各种会议、大大小小的事打断，就会举步维艰，所以，尽管一天的工作被打断是难以避免的，但要想提高执行力，管理者就要防止工作时断时续。首先，如果有一些不重要的人来找你，不妨直接以没时间为由拒绝。尽管逐客或避而不见可能会让你感到不好意思，但是犹犹豫豫却是比浪费时间更坏的结果。其次，要监督好自己，不要总是有事没事分散心思，把精力尽可能扑到一件事情上才是王道。

管理者要尽可能在清晨就创造绩效

一天之计在于晨，时间管理学家们也发现清晨工作时的干扰是最少的，所以效率往往是一天当中最高的。也就是说，清晨是管理者最容易创造绩效的“黄金时间”。所以，不妨适当调整一下作息，将夜里加班才能做完的东西移至清晨。如果管理者能安排自己在清晨工作，你就会发现那一整天下来都会干劲十足，能用在工作上的时间好像也延长了许多，再也不会抱怨上级领导给的时间太少了。

管理者要从小事中寻找创造绩效的机会

有些管理者一心想成就一番大事业，于是总是苦苦等待大项目的降临，而忽略了身边细微的小工作。其实，越是细小的事情中越容易看出一个人品质与能力的高低。所以，那些真正懂得创造机遇的管理者，绝不会轻视任何一件小事情，因为机会就常常暗藏其中。

身为一名优秀管理者的你，切莫在坐等中失去成功的良机，要善于在行动中创造机会。不要等待，要创造，这是每个管理者走向成功的保证，也是企业对于管理者执行力提升的基本要求。

软性考核俘获 80 后、90 后的心

随着越来越多的 80 后、90 后涌入劳动力市场，管理模式也开始面临新的挑战。尤其是在绩效考核中，如果 80 后、90 后在某次考核中失利，

管理者的一句斥责或许对他们反而是一种刺激，不能起到推进执行工作的作用。

80后、90后都是伴随着互联网长大的，他们具有丰富的想象力和创造力，性格也比较容易冲动，很少考虑做事的后果。一旦他们进入枯燥乏味、单调机械的工作岗位，新鲜感过后，将会出现一些无法预料的问题。

我曾在一些书中读到过这样的观点：

《孙子·行军篇》中说：“故令之以文，齐之以武，是谓必取。”这里的“文”就是要用政治道义教育士卒，放到现在企业管理中则表现为“软文化”管理；这里的“武”就是用军纪来统一步调，放到现在企业管理中则表现为“硬性”管理。这种文武并施，德威并重的思想和原则，正好符合了企业的管理需求。

现代企业中很多员工对企业的经营理念和发展战略都知之甚少，这就不可避免使他们在执行过程中出现失误。尤其是在生产型企业，员工年龄普遍偏小，职业意识不强，性格叛逆，和以往工业时代的生产线工人有很大区别，不过他们头脑灵活，勇于创新，有强烈的自信心和自尊心。传统的“硬管理”虽然可以在一定程度上限制他们违反纪律，但是他们会千方百计寻找制度中的漏洞，造成许多无法调和的矛盾。

“强权制度”、“为了大我，牺牲小我”的传统价值观已经不再符合新生代员工的需求，他们敢于挑战权威，敢于同强权制度做斗争，甚至愿意用生命与“僵化”的管理制度做斗争。“半军事化管理”、“命令式管理方式”已经不能再对他们起到非常明显的作用。这时，企业管理中的“软文化”则体现出其经久不衰的魅力来。

一个企业是否可以适应当今社会的要求，是否有发展潜力，取决于企业的“软文化”管理，一个管理者的能力是否优秀同样取决于“软文化”管理水平的高低。可以说，团队软文化考核永远是无形的考核。

新时代员工身上的特点，决定了管理者要选择更为柔性的管理。管理者可以通过渗透企业柔性文化，开展各式各样的培训，举办丰富多彩的业务活动以及让员工明确自我的职业发展通道等方式让员工更加遵守企业的规章制度。

合理激励，促使员工实现自我价值

在同样一个团队中，按时计酬的员工只能发挥 20% ~ 30% 的能力，而受到充分激励之后的员工，能力将会发挥到 80% ~ 90%。这如此巨大的差距正是激励作用所致。无论在哪一个团队，合理的激励措施必不可少。

激励，在管理中有着重要的作用。善于运用激励的管理者往往更容易取得员工的信任和拥护。这里的激励不仅表现在物质奖励上，更关注的是员工的精神需求，更主要的是满足团队成员的高层次需要。如：制作荣誉勋章、颁发荣誉证书、制作优秀员工照片墙等荣誉激励措施；提供比他人更多的出外培训机会、轮岗交流机会等培训激励措施；提升员工的工作级别，给予一定的管理权限等管理激励措施等。

员工经常会受到普通的奖励，对经常性的激励已经形成惯例，认为是理所当然的，激励也就不能取得特别的作用。而对员工实施一些预想不到的激励措施会更好激发员工的工作热情，调动员工的工作积极性，从而达到意想不到的结果。

当然强调团队的软管理，并不是让团队一味的软弱，一切以员工说了算，而是在对员工给予柔性管理的同时，也要严格要求。只有这样才能使企业走向更快、更稳、更好的发展。

让统一的事业目标使上下一心

古语有云："上下同欲者胜"，意思就是告诉我们打仗的时候，只有上下一心才能取得胜利，而各有各的心思，各有各的想法是不可能取得胜利的。在一个团队中也需要团队中的每一个成员都能团结起来，让共同的追求将他们的思想统一起来，形成共同的行为准则，团队才会形成强大的竞争力，从而取得伟大的胜利。

而要形成统一的事业目标，管理者就需要将团队目标和团队中每一个成员的目标相一致，将团队成员的个人发展与团队的未来发展结合起来，让企业和员工成为一个利益共同体，切实保障每一个员工的利益。

执行进度的提升离不开团队成员的付出，团队发展的同时也应该为员工提供更为宽广的发展平台。管理者应该根据团队成员的职业兴趣、个人性格特征、个人能力等为员工设计详细的职业发展通道，并通过一定的培训、辅导等让员工快速成长，实现团队和个人的共同事业目标。

用统一的价值理念来凝聚人心

一只水桶能够装多少水，不仅和水桶木板的长度有关，还和木板与木板之间结合的紧密程度有关。即使所有的木板都很长，但是木板与木板之间没有紧密结合也无法达到装水的目的。这种紧密度比个体木板的长度更为重要，毕竟，木板再短，都可以装上水，而没有紧密度，将会一无所有。而要加强企业的紧密度，必须用统一的职业价值观来凝聚人心。

统一的职业价值观是指一个组织或团队中被全体成员所共同认同的基本价值判断，是团队共同的奋斗目标和价值理念，它直接决定着成员的思维风格和行为方式。一个团队由不同的人组成，每一个人都有其自身的价值观，不同的价值观会在同一个团队中不断交汇融合，直至形成一个统一的职业价值观。这种统一的职业价值观，直接影响着整个企业的活力和生命力。也正是这种统一的价值观才形成了巨大的凝聚力和向心力，使团队中的每一个成员都能肩负起自己的责任和义务，为团队和个人的美好明天努力奋斗。

通过评估系统强化考核力度

无论是职场新人还是老员工，似乎大家都在不停奋斗，不停向前看，却忘了适时停一停，对现有的成绩做一个系统性的评估。

我一直会不定期提醒我的学员们："不要为了一点儿成绩就飘飘然，也不必为了一时的失落而一蹶不振。最值得你珍惜和审视的只有现在的状态，就像我定期会提示你们该怎么做一样，学会定期为自己做个评估。"

毫无疑问，不深入评估一件事，我们就会一直对它抱以满意的态度，但深究之后你会发现原来还有很多需要改进的地方。

邻居家的孩子黄艺华刚刚毕业，带着一脸的稚气与意气风发，有一次，我让他到我的培训课上听听我讲课，刚巧，我正好讲到评价这个话题，让大家先互相了解一番，然后对对方做出评估。

轮到黄艺华和他旁边的搭档时，只听他们两个互相恭维了一番，我忍不住笑着说："难道你们俩就这么喜欢听好话吗？"黄艺华很不自然，紧张地说："不……不是好话……这是实话！"我因此判断，其实他是一个很在意别人评价的人，之所以和对方说互相恭维的话，也是为了避免对方在人前说不利于自己的言论。后来，我并没有强行让他们说出所谓的"实话"。

在接下来的培训中，我总是有意无意让其他人给黄艺华作评价，其他人当然是毫无保留地说出了实话。第一次、第二次时我看到黄艺华一边听一边羞红了脸，甚至有几次感觉他压抑的怒火就要爆发出来。后来，我渐渐发现黄艺华脸上的表情开始平息了，这说明他能够渐渐接受别人的评价了。

我们如果不照镜子，永远不知道自己脸上有多少尘埃。何况，就算在镜子面前，我们也只能看到自己的正面，而看不到自己的背面。很多时候，我们正是被自己的正面给蒙蔽了，只看见正面美丽的自己，却看不见背面暴露出来的问题。

同理，在执行过程中，如果每个人都不肯听一听别人的评价，给自己做一次完整的评估，就不可能知道自己的执行力是进步了，还是退步了。不用怀疑，唯有评估才能让人知道自己的现状，发现不一样的自己，从而加以改进。对于这一点，管理者应该身先士卒，以身作则。

明确评估的目的：不只是为了改变未来，更重要的是做好眼前事

现在的任务都还没有执行到位，就去顾及未来的事情，未免有些本末倒置。在与员工进行评估时，管理者应该倡导把评估的目标更多设定

在现在，而不是基于未来的幻想，只要对此刻的状态有一个真实的了解就已经很不错了。不要为了评估而忘记了眼前要执行的任务，这才是最重要的事情。未来是一个深不见底的空洞，需要我们用现在的努力去填补，所以比未来更重要是现在，从现在开始改变，未来才有更大的机遇。

正确的评估观点：不介意与他人作比较，比较中知不足

俗话说："人比人气死人。"但是如果不和别人比较，又怎能知道自己哪里不如别人呢？所以，管理者要明确告诉员工："不必介意与他人作比较，比较中知不足。"虽然当你发现不足的同时也会萌生出一种超越的压力，但这种压力会迫使你重新振作起来改变现状，向着利于你的方向转化。有的人不小心沦为被比较的对象就会说"少拿我和他混为一谈"，看上去像是一句清高的自白，其实这种人只是不愿面对现实罢了。

有效的评估方法：置换立场，找到和平时不一样的自己

管理者和员工的立场不同，看待事物的出发点、看出来的结果就不同。通常情况下，每个正常人眼中的自己都是优秀的，只有通过置换立场，从不同的角度审视自己，才能看出问题。另外，我们在平时应该多注意观察别人看待自己时的立场，然后站在对方的立场上看个究竟。一个人最容易被双眼蒙蔽，总是在一个地点看自己，即使看一百次也是一样的结果。

实战案例：电力集团的考核系统

KPO电力公司是美国驻华的一家老牌企业，其人员多、包袱重，员工劳动效率低下，设备老化，为企业的兴衰埋下了隐患。

管理者和员工的积极性受到很大影响。在一次访谈的过程中，员工流露出对管理层的不信任情绪，管理者也感到无可奈何。如何激发员工的工作积极性、主动性，打造一支具有强大战斗力的团队，是管理者的一大难题。

就电力企业来讲，安全运行是头等大事。产量与质量是企业生存的基本保障。以往管理考核一般采取工作测评和简单的业绩划分，很容易导致评估过程中出现问题，使评估结果出现误差，造成个别员工产生误解，而管理者吃力不讨好。

面对当前的安全形式及市场环境，结合集团公司的战略需要，管理者经过多方调研，提出了建立完善的绩效管理机制。该公司的考核系统具体包括如下内容：

考核目标

从“追求卓越，以人为本”的核心价值观出发，通过流程标准化来抓好基础工作，以此强化目标管理。人是企业兴盛的根本源泉，在确保每天每人的每一件事能全面、严细、实在的落实到位，才可以建立一个基础管理标准体系。而标准化的流程体系是确保每一位员工执行到位的基本通道。在目标的确定中，管理者为了实现愿景目标制定分阶段的经营战略，因此，管理者和个人应在理解了企业下一阶段的发展战略的基础上设计自己的目标考核体系。

考核实施

在集团的整体战略要求下，管理者制定了可行的战略目标，采取层次序列将员工和团队分为不同的层次，依据不同的岗位职责和岗位说明书制定相应的考核细则标准。进一步将目标分解，制定个人及小团体的月度目标，逐渐形成金字塔模型的模块及有共同目标的协作团队。

考核范围

每一个人都是考核范围内的个体部分，由管理者到团队形成逐级被考核的层次团体部分。考核采取月度的方法，自检时间安排在每月底前两天，当月最后两天出现的问题推至下月考核，同时提供资料的职能部门对所考核的内容中各类罚款的数额、各类成本、费用指标、利润指标、安全指标、当月目标责任等按考核细则进行综合评定，并在每月月底前两日上报。再由人力资源部牵头组织有关部门将综合的数据内容在公开、公正的环境下平衡落实，并将考核结果列入结算工资中，参照细则进行奖惩。

几年来，不断完善的考核模式已成为该公司独特的绩效考核系统。通过绩效考核及时全面地发挥员工自身的潜能，增强团队凝聚力，改善团队绩效，进一步协助企业实现持续发展的愿景，促进了高效执行考核系统的形成。

后 记

致卓越执行官的一封信

亲爱的执行官：

恭喜你在历经无数个日夜的努力后，终于从管理者成为了一名卓越的执行官！

作为本书的创作者，这是我的荣幸，并深深地为你感到高兴。

我知道，作为一名管理者，有机会能够站在更高、更大的舞台，施展自己的领导才华一定令你异常兴奋。最后，我也拿出一些个人经验与你一同分享，希望对你迎接未来的挑战有所帮助。

首先，你需要加深对你领导的团队的了解。最有效的方式是当你的团队正在进行某项工作时，直接深入其中。并尽可能多地与身边的员工聊天，问他们工作中的问题，耐心倾听他们的答案。唯有如此，你才能最大限度知晓团队内部的实际情况，同时还能与员工打成一片，建立良好关系。这是一名成功执行官的重要标志。

其次，还要在第一时间了解你下属的做事理念与风格。因为做一件事情的结果如何，与他个人的作风是密不可分的。有些管理者由于思维过度开放，放手让下属去执行，导致执行的结果与预期不符。而此时你若批评他们，对方又会觉得委屈：明明是你让我放心去做的。所以，只有了解了不同员工的做事风格，才能因人而异、对症下药，让适合的人做适合的事，有效地将各个领域的人才吸引到自己身边，为己所用。

最后，你在这个职位上，要试着找到与你有共鸣的人。当团队的思想不统一，执行起来也会困难重重。譬如不能一起商讨建设性的计划，不能公平地根据个人表现进行褒奖，不能互相帮助，而是钩心斗角、相互拆台。作为管理者，你务必要尝试改变这样的状态，才能让整个团队服从你的领导，保证业绩不流产。

以上三项工作在你的个人管理工作中至关重要。它是你管理的杠杆，也是支撑你走得更远的动力与灵魂。卓越的执行官与普通管理者最大的区别在于，前者总是能以最大的热情和决心去做好这三项工作。

也许你会变得越来越忙，甚至自己的大部分日程都被人瓜分，老板、客户、官员、供应商，还有大大小小的会议都要剥夺你仅有的时间。但无论如何，你都要时刻将上面三项工作置于工作表的首要地位。请原谅我这么多次的强调。因为每项工作从执行那一刻开始到最终的绩效评估，你都需要确保所有环节的执行项目已经落到实处。只有这样，你才能站在企业发展的全局高度进行有效管理。

还有什么其他事情需要提醒你注意的呢？虽然要说的还有很多。但在本书的最后，请允许我最后提出三点建议：

1. 保证所有人在执行之前真正了解客户的心理、购买需求，以及购买行为的变化。清楚对方为什么要死心塌地买你的产品。这样你才能更清楚自己的优势、对手的弱点，这是打败未来敌人的基础。

2. 你需要不断自我反省，寻求改进的方法。也可以多读一些同类管理书籍，但在此之前，最好先把本书的所有内容烂熟于心。书中的许多观点、方法不仅能提升你的管理水平，还能让你与所有员工为了共同的事业团结一致。

3. 保持一颗对现实管理工作的敏感之心。换句话说，要养成居安思危的习惯。人生总有顺遂与失落，能够居安思危的人更能看清事物本来的面目，而不会被幻想的假象蒙蔽双眼。

总之，请千万记住你现在的职位是你凭借对执行的一贯热忱与执着赢回的。保持并积极地发扬这种精神，才会在未来的工作中取得更大进步。一名卓越的执行官从不会觉得自己高高在上、无所不能，他反而比一般人更乐于学习；也从不会对员工摆架子，而是永远和员工站在一起。

读到这里，恐怕你会觉得我这个朋友实在太罗嗦了。但是，我真心为你的成长与进步感到欣慰。我也相信，你有足够的能力与实力，在未来的职业生涯里获得更大的成就，成为天空中最闪亮的明星！

你的老朋友

2013 年 6 月